Fabrizio Billi, Salvatore A. Bravo,
Luca Cangemi, Lelio La Porta

Lenin centenario
#lenin100

21 gennaio 1924 / 21 gennaio 2024

**ZeroBook
2024**

Titolo originario: *Lenin centenario : 21 gennaio 1924-21 gennaio 2024* : #lenin100 / Fabrizio Billi, Salvatore A. Bravo, Luca Cangemi, Lelio La Porta

Questo libro è stato edito da **ZeroBook**: www.zerobook.it.

Prima edizione: febbraio 2024

press ISBN 978-88-6711-236-4

Tutti i diritti riservati in tutti i Paesi. Questo libro è pubblicato senza scopi di lucro ed esce sotto Creative Commons Licenses. Si fa divieto di riproduzione per fini commerciali. Il testo può essere citato o sviluppato purché sia mantenuto il tipo di licenza, e sia avvertito l'editore o l'autore.

Controllo qualità **ZeroBook**: se trovi un errore, segnalacelo!

Email: zerobook@girodivite.it

Indice generale

Nota introduttiva...7
Lenin centenario..9
Parte prima: Discussioni...9
   Breve profilo biografico di Lenin / di Lelio La Porta...............9
   Prima della morte, la preoccupazione per le sorti della rivoluzione / di Lelio La Porta..11
   Lenin, oggi / di Fabrizio Billi..17
   Il mondo di Lenin. Passaggio a Oriente /
   di Luca Cangemi..27
      Che cos'è l'Oriente? 30
      Una tradizione all'opera 39
   Cento anni dalla morte di Lenin / di Salvatore Bravo............47
      Libera concorrenza 51
      Oligarchie..53
      Guerra...57
      Imputridimento del capitalismo....................................63
   Lenin nel giudizio storico di Costanzo Preve /
   di Salvatore Bravo...67
      Costanzo Preve e Lenin..70
      Le contraddizioni di Lenin...73
      L'Einstein del materialismo storico................................77
      Oltre l'eurocentrismo..80

Parte seconda: Documenti **85**
    Capo / di Antonio Gramsci 85
    Testamento di Lenin 92
    Gramsci e Lenin si incontrano 102
    Lenin : Il rivoluzionario che giocava coi gatti /
    di Anatolij Lunacarskij 106
    Lenin e lo sport / di Carles Viñas 108
    Ricordare, ripetere e rielaborare / di Slavoj Žižek 112
    Sulla rivoluzione russa dell'ottobre 1917 /
    di Alain Badiou 117
    Lenin e il Movimento Femminile /
    di Clara Zetkin (1925) 139
    Per una bibliografia leniniana 179
        Su Lenin 179
        Russia, marxismo, rivoluzione 181
        Di Lenin 184

Nota di edizione **189**
    Questo libro 189
    Gli autori 190
    Le edizioni ZeroBook 192

Nota introduttiva

Abbiamo raccolto in questo libro, nato come dossier di *Girodivite*[1] testi che riguardano la figura di Lenin a cento anni dalla morte (21 gennaio 1924). Abbiamo chiesto ad alcuni compagni e amici, raccolto brani di letture di altri autori che hanno parlato di Lenin, raccolto brani delle sue opere. Il dossier è diviso in due sezioni principali:

— *Discussioni*

— *Documenti*

Nella versione online è presente anche una sezione con le traduzioni in varie lingue dei contenuti del dossier.

Ringraziamo gli autori per i loro contributi e quanti ci hanno consigliato, dato suggerimenti, letto e riletto le bozze, segnalato refusi e quanti diffonderanno i materiali qui pubblicati.

Buona lettura.

---

1 https://www.girodivite.it/Lenin-a-cento-anni-dalla-morte.html

Lenin centenario

Parte prima: Discussioni

Breve profilo biografico di Lenin / di Lelio La Porta

Lenin, pseudonimo di Vladimir Ilyich Ulyanov, nacque nel 1870.
Nella sua famiglia la tradizione antizarista era molto solida visto che il fratello fu fucilato per aver attentato alla vita di Alessandro III.
Espulso dall'Università di Kazan per attività illegale, si laureò in legge a Pietroburgo nel 1891. Inseritosi negli ambienti operai studenteschi marxisti, insieme a Plechanov e Martov, fondò nel 1895 l'«Unione per la liberazione della classe operaia».
Arrestato ed esiliato in Siberia, lì sposò Krupskaja.
I tre anni dell'esilio furono dedicati allo studio della questione contadina russa. Tornato in libertà, si recò all'estero. A Ginevra fondò l'«Iskra» e il gruppo omonimo, durante il II congresso del Partito operaio socialdemocratico russo bolscevico (Londra-1903), si scisse nelle due fazioni

bolscevica e menscevica sulla base della teoria del partito politico esposta da Lenin nello scritto *Che fare?* del 1902. Lontano dalla Russia allo scoppio della rivoluzione del 1905, visse soprattutto in Svizzera dove, riflettendo sulla prima guerra mondiale e le sue cause, scrisse *L'imperialismo, fase suprema del capitalismo* (1916). Tornò in patria soltanto nell'aprile del 1917 e, nelle *Tesi di aprile*, manifestò la necessità di sostituire il governo provvisorio di Kerenskij con un governo dei soviet. La tattica proposta trovava linfa nelle teorie esposte nello scritto *Stato e rivoluzione*. Accusato dal governo provvisorio di essere un agente tedesco, dovette rifugiarsi in Finlandia da dove propose l'insurrezione armata, non senza trovare resistenze fra i suoi stessi compagni. Accettata la proposta dalla maggioranza del Comitato Centrale, ad insurrezione avvenuta e a potere conquistato, fu eletto presidente del nuovo governo sovietico. In tale veste, promulgò i decreti sulla pace e sulla terra, accettò la durissima pace di Brest-Litovsk con i tedeschi, fu inflessibile nella guerra civile contro le forze controrivoluzionarie, attuò il comunismo di guerra che, a vittoria conquistata, fu sostituito, sul piano economico, dalla Nep.
Dal 1922 iniziò l'inesorabile peggioramento delle sue condizioni di salute che lo costrinse ad abbandonare la guida dello Stato e lo portò alla morte il 21 gennaio del 1924.

Prima della morte, la preoccupazione per le sorti della rivoluzione / di Lelio La Porta

21 gennaio 1924: tra gravi sofferenze fisiche il leader bolscevico elaborò alcune delle riflessioni politiche più importanti della sua opera. Prima della morte, la preoccupazione per le sorti della rivoluzione

Lenin aveva appena 52 anni quando, verso la fine del 1921, la sua salute cominciò a manifestare chiari segni di cedimento. Nell'aprile dell'anno successivo subì un intervento chirurgico per l'estrazione di una delle pallottole da cui era rimasto colpito nel corso dell'attentato del 30 agosto del 1918. A maggio del 1922 sopraggiunse il primo attacco cerebrale che lo semiparalizzò impedendogli di partecipare attivamente alla vita politica. A dicembre la situazione peggiorò al punto che fu costretto all'isolamento lontano da Mosca. Il 9 marzo del 1923 un colpo apoplettico lo ridusse a comunicare attraverso pochi monosillabi, la cui comprensione, per chi lo assisteva, diveniva problematica. Quando il 15 maggio fu condotto nella villa di campagna di Gor'kij, la situazione già volgeva al peggio. Riceveva visite di delegazioni di operai e contadini, ma si limitava a rispondere loro con cenni amichevoli, e niente più. Il 21 ottobre volle essere condotto in automobile a Mosca dove si recò nel suo studio del Cremlino; ricondotto nella villa di campagna non si mosse più. L'ultima apparizione in pubblico è del 2 novembre quando ricevette la visita di una delegazione di operai. La situazione di salute andò progressivamente peggiorando finché, il 21 gennaio del 1924, come conseguenza di un nuovo attacco apoplettico, spirò alle 18,50.

In quel momento erano in corso i lavori del II Congresso dei Soviet di tutta l'Unione e l'XI Congresso Panrusso dei Soviet; il giorno stesso della morte di Lenin, Zinov'ev aveva concluso il Presidium del Comitato Esecutivo dell'Internazionale comunista. All'edizione della «Pravda», già in stampa, furono aggiunti dei fogli speciali che annunciavano la morte del leader. Fu lo stesso Zinov'ev, in un articolo pubblicato il 30 gennaio, a raccontare il viaggio compiuto dai dirigenti bolscevichi alla volta di Gor'kij e quale situazione essi trovarono. Partì da Mosca, in slitta, un gruppo composto da Zinov'ev, Bucharin, Tomskij, Kalinin, Stalin e Kamenev; Rykov era malato e Trotski si trovava nel Caucaso dove, saputo che il funerale si sarebbe svolto il 26 gennaio (anche se in realtà si svolse il 27), decise di non tornare in quanto non avrebbe fatto in tempo a raggiungere Mosca. Ricorda Zinov'ev che la notte era gelida ma limpida: c'era la luna. Il corpo di Lenin era su un tavolo circondato di fiori e di rami d'abete, nella stessa stanza dove, nell'estate del 1920, i dirigenti si erano riuniti per decidere l'avanzata su Varsavia. Resero omaggio alla salma e rientrarono a Mosca per prendere parte ad una riunione commemorativa del Comitato Centrale convocata alle due del mattino. Il gruppo arrivò alle tre. Il 22 gennaio fu pubblicato un messaggio di omaggio funebre del Comitato Centrale rivolto al partito, a tutti i lavoratori nel quale venivano messi in rilievo i contributi più importanti di Lenin alla teoria marxista. Il 23 gennaio i giornali non uscirono e il giorno dopo la «Pravda» pubblicò esclusivamente omaggi ed articoli commemorativi. La salma di Lenin fu esposta nella Sala delle colonne del Palazzo dei sindacati e per omaggiarla quasi 900.000 persone si sottoposero al freddo impietoso di quelle giornate moscovite. C'è un proverbio che dice che Mosca non crede alle lacrime; eppure, stando alle cronache e ai documenti, il dolore del popolo in quei giorni apparve vero, profondo e genuino. Il 26 gennaio si tenne una solenne seduta del II Congresso dei Soviet di tutta l'Unione nel corso della quale presero la parola i massimi dirigenti bolscevichi e fra essi anche Stalin. Il suo discorso era impostato sul doppio piano dell'apologia del capo, per quel che riguardava il contenuto, e dell'antifona di tipo ecclesiastico, per quel che riguardava la forma. I toni dovettero scuotere non di poco le corde emotive degli ascoltatori contribuendo in maniera decisiva a conferire calore ad un ambiente impostato nei termini della più rigorosa serietà ed austerità. Nel corso della stessa seduta Kalinin, a nome del Comitato Esecutivo Centrale Panrusso (Pansovietico), propose di cambiare il nome di Pietroburgo in Leningrado; la proposta fu approvata senza discussione.

Furono approvate in blocco altre proposte: il giorno della morte di Lenin diventava giornata di lutto nazionale; a lui dovevano essere eretti monumenti nelle maggiori città sovietiche; bisognava pubblicare un'edizione delle sue opere scelte; inoltre fu approvata la costruzione, sotto le mura del Cremlino tra le tombe comuni dei combattenti della rivoluzione, di un Mausoleo nel quale conservare, imbalsamato, il corpo di Lenin per consentire l'omaggio dei visitatori.

Il 27 gennaio alle 9 del mattino, Stalin, Zinov'ev e sei operai trasportarono il corpo di Lenin fuori dal Palazzo dei sindacati dove fu preso da Kalinin, Kamenev, Kurskij, quattro operai e un contadino per essere portato in processione attraverso la Piazza Rossa. Alle quattro del pomeriggio, Stalin, Zi-nov'ev, Kamenev, Molotov, Bucharin, Rudzutak, Tomskij e Dzerzinskij presero il feretro deponendolo in una tomba costruita davanti alle mura del Cremlino e che presto sarebbe stata sostituita dal Mausoleo. Fra il dicembre del 1922 e il marzo del 1923 Lenin aveva prodotto alcune delle riflessioni politiche più interessanti di tutta quanta la sua opera. Alcuni presupposti della rivoluzione non erano più validi. Non c'era stata una grande rivoluzione europea. L'economia socialista ancora non aveva basi. Allora, tutto sbagliato? Esattamente il contrario, rispondeva il leader bolscevico, in quanto il 1917 aveva rappresentato l'abbandono rivoluzionario di una guerra da cui era nato un nuovo Stato: questa era stata la vera svolta mondiale. Altri problemi: i compiti immensi di fronte al nuovo Stato e la miseria, anche culturale, del popolo. Inoltre, dopo i primi mesi di iperattività, Lenin notava una certa burocratizzazione dell'apparato statale, quasi un ritorno al passato: insomma il vecchio Stato era stato "appena unto di olio sovietico". Il rimedio continuava ad essere, secondo Lenin, la Nep.

Ma vero motivo di preoccupazione per il leader bolscevico era il contrasto al vertice del partito, con la possibilità di una scissione. Per questo, fra il dicembre del 1922 e il gennaio del 1923, dettò alcuni appunti che avrebbero costituito la *Lettera al Congresso* (qui proposta con il titolo di *Testamento di Lenin*) nella quale, oltre a sottoporre a lucidi giudizi tutti i maggiori dirigenti del Partito bolscevico (a tutti veniva rimproverato un eccesso di autoritarismo, a Trotski "la sicurezza di sé", a Bucharin, peraltro "prediletto di tutto il partito", l'incomprensione della dialettica), individuava nei contrasti sempre più profondi fra Stalin e Trotski il vero problema.

Non è fuori luogo rammentare che proprio il nostro Gramsci, il 14 ottobre del 1926, pochi giorni prima di essere arrestato dai fascisti, scrisse, a nome dell'Ufficio politico del Pcd'I, una lettera ai dirigenti sovietici (Al Comitato centrale del Partito comunista sovietico, inviata a Togliatti, allora a Mosca) nella quale metteva in evidenza come il conflitto fra la maggioranza staliniana e la minoranza trotskista correva il rischio di mettere in discussione le conquiste dell'Ottobre sovietico. Lenin concludeva la sua lettera con il duro giudizio nei confronti di Stalin definito "troppo grossolano" e poco tollerante nei confronti dei compagni. Insomma, è possibile pensare che se a Lenin fosse stato concesso di partecipare al XII Congresso i presenti avrebbero assistito ad uno scontro frontale fra lui e Stalin; ma ciò non fu e sappiamo quale corso prese la storia dell'Urss.

Lenin, oggi / di Fabrizio Billi

L'assalto al cielo è finito male, certo. Ma senza teoria rivoluzionaria, sosteneva Lenin nel "Che fare?", non vi può essere movimento rivoluzionario. Per questo, credo che a una persona razionale come Lenin, farebbe piacere se oggi si analizza il suo pensiero e la sua opera, senza nasconderne limiti e fallimenti, ma restituendoci alcuni elementi di attualità.

Cosa resta, oggi, di Lenin?
Nel 1908, in una lettera alla madre e alla sorella, Lenin scriveva di aver letto con interesse un libro dell'astronomo Lowell, che sosteneva che Marte era abitato. Se oggi un ipotetico turista politico marziano ricambiasse l'interesse e arrivasse sulla terra alla ricerca di ciò che resta di Lenin, cosa troverebbe?
Cerchiamo innanzitutto le tracce più tangibili fisicamente. E' rimasto il corpo di Lenin imbalsamato nel mausoleo della piazza rossa, è vero, ma è oggetto di continuo dibattito se conservare lì dov'è quella scomoda eredità del passato o rimuoverla. E' rimasto qualche monumento in alcuni paesi. Soprattutto quelli dell'ex Urss, un tempo disseminati di statue, diverse delle quali sono sopravvissute, più per mancanza di risorse per abbatterle che per stima verso il dirigente rivoluzionario. Anche in Italia, a Cavriago, c'è un busto di Lenin. Anche nei paesi nominalmente socialisti che

restano (Cina, Cuba, Vietnam) credo non ce ne siano molte. Per esperienza personale, quando già parecchi anni fa andai in Cina, vidi qualche statua di Mao, ma nulla di Lenin. Sempre per esperienza personale, tracce di Lenin nei paesi ex socialisti sono spillette e gagliardetti, venduti sulle bancarelle ai turisti in cerca di ricordi curiosi. Un americano, addirittura, si è comprato una statua di Lenin abbattuta dagli abitanti di un villaggio della Slovacchia, e l'ha messa nel giardino di casa.

Credo, e spero, che non ci siano monumenti di Lenin in Corea del nord, ma solo statue dei vari leader che hanno infestato e infestano quel paese col loro nazionalismo dinastico.

Per quanto riguarda la diffusione delle idee di Lenin, chi mai oggi si definisce leninista? Qualche gruppo politico con pochi militanti e del tutto ininfluente. Il leninismo oggi non è certo una teoria politica di qualche peso. Nel mercato della politica, le idee che vanno per la maggiore un po' dappertutto sono quelle autoritarie, nazionaliste, talvolta integraliste religiose, e poi quelle liberali, l'ecologia, il femminismo. Nella sinistra, anche quella radicale, nessuno propone scelte come quelle fatte da Lenin oltre un secolo fa: monopolio statale del credito e del commercio estero, negazione del diritto di voto e di rappresentanza alle classi sociali diverse dal proletariato. Questo giusto per citare alcuni provvedimenti "strutturali" del bolscevismo al potere, non congiunturali come potevano essere la terra ai contadini, la Nep e il comunismo di guerra.

Ben che vada, le ricette economiche della sinistra consistono oggi in un keynesismo redistributivo e nei diritti civili. Cose sacrosante, e soprattutto la tutela dei diritti civili potrebbe essere nel solco delle idee leniniane. La prima costituzione sovietica del 1918 rifiutava "i privilegi e di qualsiasi genere di preferenza attribuita in base alla razza ed alla nazionalità, come pure l'oppressione delle minoranze nazionali o la limitazione della parità dei loro diritti" e garantiva "diritto di asilo a tutti gli stranieri perseguitati per delitti politici o religiosi". Ma chi oggi si batte per i diritti civili non si richiama neanche lontanamente a Lenin. E il *welfare* non è certo l'abolizione del capitalismo.

Oggi, di Marx ogni tanto si parla. Qualche prestigiosa rivista, da *Time* allo *Spiegel*, ogni tanto pubblica articoli sul tema "Marx aveva ragione", a proposito per esempio dell'immiserimento di vaste masse, della polarizzazione sociale, dell'alienazione.

Nessuna rivista ha pubblicato articoli sul tema "Lenin aveva ragione".

Marx è considerato uno studioso, le cui analisi possono a volte essere ritenute interessanti. Lenin è considerato un politico. Dimenticando che Marx ha svolto attività politica pratica, non passava tutto il suo tempo nella sala di lettura del *British museum*. E che Lenin ha passato nelle biblioteche pubbliche altrettanto tempo di Marx. La sua preferita era la biblioteca comunale di Ginevra. Meno bene si trovò nelle biblioteche di Parigi: orari ridotti, lunghi tempi di attesa per avere i libri richiesti. La giornata di Lenin, durante l'esilio europeo (Ginevra, Londra, Parigi, Cracovia, ecc.) era suddivisa in una precisa organizzazione: al mattino in biblioteca a studiare, al pomeriggio a scrivere documenti, articoli, corrispondenza, la sera relax in famiglia. Buona parte del tempo lo trascorreva dunque a leggere e scrivere.

Il nostro turista politico extraterrestre rimarrebbe un po' deluso: ha viaggiato nel freddo spazio per capire cosa è rimasto di quell'umano che diceva di volere una società libera, prospera e giusta, e che tanto si è dato da fare per questo, ed ora trova ben poco?

Eppure, come ha scritto Luigi Vinci, "la rivoluzione d'ottobre ha cambiato la storia del novecento". Mostrò come una rivoluzione socialista di operai e contadini potesse vincere. Incoraggiò in tutto il mondo lotte di classe e anticoloniali di milioni di persone oppresse dal capitalismo e dal colonialismo. Nei paesi più sviluppati, il capitalismo sarà obbligato ad accettare politiche economiche migliorative delle condizioni di vita delle popolazioni. La reazione fascista sarà sconfitta militarmente da una coalizione nella quale l'Unione sovietica fu parte fondamentale. Altre rivoluzioni socialiste vinceranno in Cina, a Cuba, in Vietnam, in altri paesi. Le colonie dell'Europa conquisteranno l'emancipazione politica.

Cosa resta di tutto ciò? Dov'è finito Lenin, nel mondo di oggi?

Che abbia avuto ragione Winston Churchill, quando disse che il buon Dio doveva esistere davvero perché "l'inferno per Lenin e Trotzki era indispensabile"?
Non sappiamo se oggi lo spirito di Lenin sudi al caldo dell'inferno, tormentato dalla dantesca legge del contrappasso per cui ha dovuto contemplare la distruzione dell'Urss, a cui aveva dedicato tutta la vita.
Ma per capire se può avere senso occuparsi di Lenin nel mondo di oggi, dobbiamo anzitutto chiederci chi era Lenin.
Egli ha passato la vita a leggere, scrivere, discutere. I suoi scritti, nell'edizione italiana degli Editori riuniti, sono in 45 volumi. Non basterebbe una vita di studio per analizzarne l'opera e la figura. Questo vale per tantissime persone che hanno dedicato la propria vita all'arte, alla scienza, alla politica. Però l'imponenza dell'opera non può essere un pretesto per non confrontarsi con lui.
I suoi scritti affrontano tutti i temi ineludibili per chi abbia qualche interesse per la politica come scienza per la trasformazione della società: la democrazia, i rapporti tra le classi e tra le nazioni, la guerra, il razzismo, l'imperialismo e il colonialismo, la transizione da un sistema sociale ad un altro.
Cosa proponeva Lenin? Ma poi, quale dei tanti Lenin?
C'è il Lenin canonizzato dal socialismo reale, celebrato come demiurgo della rivoluzione e capo del primo stato operaio.
C'è il Lenin che piace agli operaisti come Negri, autore del libro "Trentatré lezioni su Lenin", o come Tronti, che sulla

rivista Classe operaia pubblicò l'articolo "Lenin in Inghilterra". E' il Lenin teorico e organizzatore della rivolta operaia contro il dominio capitalista, che nelle fabbriche mostrerebbe la sua natura più disumana.

C'è il Lenin punto di riferimento delle lotte antimperialiste e anticolonialiste in tutto il mondo. Non è forse uno dei suoi libri più importanti "L'imperialismo, fase suprema del capitalismo"? E sul macello della guerra imperialista riuscì a far leva per abbattere lo zarismo e dare il potere al proletariato, e fin dallo scoppio della prima guerra mondiale era consapevole che essa poteva essere l'occasione giusta. Tant'è che, poco prima del conflitto, scriveva di non credere che "il nostro piccolo Nicola e il vecchio Francesco Giuseppe ci faranno mai il piacere di far scoppiare una guerra", tanto gli sembrava difficile che le classi dirigenti europee si incamminassero sulla strada del proprio suicidio.

C'è il Lenin teorico, lo studioso del capitalismo, del nazionalismo, delle classi, della transizione al socialismo. E' forse un Lenin che ha avuto meno spazio rispetto al Lenin dirigente politico. Ma che ha prodotto analisi notevoli come "Lo sviluppo del capitalismo in Russia", "La comune di Parigi", "Stato e rivoluzione".

C'è il Lenin della Terza internazionale e della rivoluzione in Europa. Anche questo forse è un Lenin meno noto, probabilmente per due motivi. Il primo, che dopo la malattia e la morte di Lenin, la Terza internazionale si trasformò, da organizzatrice della rivoluzione mondiale, a strumento di politica estera dell'Urss staliniana. Il secondo, perché le rivoluzioni in Europa non ci furono o non hanno avuto successo. Non furono nemmeno tentate in Francia, Gran Bretagna e tanti altri paesi, nonostante i timori delle classi dirigenti. Lloyd George, primo ministro del Regno unito, aveva detto che "se venisse iniziata un'azione militare contro i bolscevichi, l'Inghilterra sarebbe diventata bolscevica e a Londra si sarebbe formato un soviet". In Germania e Ungheria furono tentate, ma avevano gambe troppo deboli per reggere, come si rendevano conto alcuni degli stessi partecipanti a quelle rivoluzioni, come Rosa Luxemburg e Karl Liebchneckt. In Italia, il biennio rosso vide momenti di lotta molto accesi, ma non si arrivò neppure al tentativo di rivoluzione. In Polonia, la sconfitta dell'armata rossa alle porte di Varsavia spense i sogni di portare la rivoluzione nel cuore dell'Europa. Il secondo congresso dell'Internazionale comunista, iniziato il 19 luglio 1920, si aprì con la speranza di una rivoluzione socialista europea, suscitando rivolte proletarie sostenute dall'armata rossa, similmente a quanto avvenuto dopo la rivoluzione francese, i cui ideali erano stati diffusi in Europa anche dalla baionette francesi, oltre che dai circoli giacobini locali.

L'internazionalismo fu forse una delle pagine più belle della rivoluzione, con personaggi come John Reed, Jacques Sadoul, Victor Serge e tanti altri che accorsero in Russia per battersi per la rivoluzione socialista mondiale, rendendosi conto che da una parte c'era tutto il putridume del passato (nazionalismo, superstizioni, privilegi di classe, miseria, dispotismo), dall'altra il tentativo di creare una società di liberi e uguali. La Terza internazionale fu uno strumento per creare questo mondo nuovo, ed aveva un ruolo affatto secondario nella strategia leninista. Lenin e i bolscevichi si rendevano conto che in Russia la rivoluzione aveva vinto perché quel paese era l'anello debole della catena, ma avrebbe trionfato solo quando i proletari dei paesi europei più sviluppati avrebbero preso il potere e abbattuto il capitalismo nei loro paesi.

Credo che, in estrema sintesi, si possa affermare che l'essenza della vita e dell'opera di Lenin è consistita nel cercare di capire come cambiare radicalmente la struttura economica e sociale, e nel provare a farlo, avendo come bussola il marxismo da quando, per sua stessa ammissione, nel 1899 divenne marxista. La sua era una radicalità assoluta nell'obiettivo da perseguire e duttile nella tattica. A seconda delle situazioni, riteneva opportuna per esempio la partecipazione alla Duma in una fase di riflusso delle mobilitazioni popolari e invece era per l'insurrezione armata quando vedeva le masse disponibili a una rottura rivoluzionaria per farla finita con la guerra e la miseria. Tutto fa brodo per conseguire l'obiettivo, dalle rapine di Kamo ("il mio brigante preferito") per finanziare il partito all'accordo con la Germania per tornare in Russia dall'esilio svizzero.

La radicalità di Lenin emerge plasticamente come quando tornò dall'esilio e sferzò i dirigenti bolscevichi ad elaborare una strategia per rovesciare il governo provvisorio e prendere il potere, mentre quasi tutti lo ritenevano assurdo. All'arrivo del treno a Pietrogrado, il 16 aprile 1917, Lenin fu accolto da una folla esultante che aveva una vaga idea di Lenin, dal guardiamarina Maksimov che ordina il saluto militare (poi dirà: "Se avessimo saputo per quali vie era rientrato in Russia, invece di urlare evviva gli avremmo detto vattene, torna dai tedeschi") e da un discorso del menscevico Ckheidze, in cui invitava a difendere il governo emerso dalla rivoluzione di febbraio, e che Lenin voleva invece abbattere! Lenin, infastidito, ignora deliberatamente il benvenuto e si rivolge agli operai e soldati, inneggiando alla rivoluzione proletaria mondiale, altroché difendere il governo di coalizione coi borghesi: "Marinai, soldati, operai, voi siete l'avanguardia dell'esercito proletario mondiale. L'aurora della rivoluzione socialista mondiale è già spuntata, l'intera costruzione del capitalismo europeo può crollare da un momento all'altro. Viva la rivoluzione socialista mondiale".

Poi, quella stessa notte, agli sbigottiti membri del comitato centrale bolscevico spiega che occorre non sostenere il governo, ma spiegare alle masse che è un nemico perché non fa finire la guerra e non espropria i capitalisti.

Credo che la radicalità sia la maggior eredità ideale che Lenin ci ha lasciato. Radicalità ampiamente giustificata dall'epoca in cui viveva, in cui l'unico giudizio che una persona minimamente razionale potesse dare sulla prima guerra mondiale era che fosse un orrendo massacro senza senso, e l'unico comportamento decente che un partito potesse avere fosse opporsi ad essa se ne aveva la possibilità.

L'assalto al cielo è finito male, certo. Ma senza teoria rivoluzionaria, sosteneva Lenin nel "Che fare?", non vi può essere movimento rivoluzionario. Per questo, credo che a una persona razionale come Lenin, farebbe piacere se oggi si analizza il suo pensiero e la sua opera, senza nasconderne limiti e fallimenti, ma restituendoci alcuni elementi di attualità.

Marx non ha delineato la futura società socialista perché non voleva dare "ricette per le osterie dell'avvenire". Lenin, la società socialista ha provato a costruirla. Anzi, nella prefazione al "Che fare?", scrive che non ha fatto in tempo a terminare l'ultimo capitolo perché era l'ottobre 1917 ed "è più piacevole e più utile fare l'esperienza di una rivoluzione che non scrivere su di essa". Cercare di capire cosa Lenin ha elaborato e realizzato, può essere utile per chi oggi cerca idee e pratiche politiche radicali.

Il mondo di Lenin. Passaggio a Oriente / di Luca Cangemi

Lenin è tornato, o forse non se è n'è mai andato in questo secolo trascorso dalla sua morte, anche se nell'ultimo trentennio l'abbattimento delle sue statue è stato uno sport abbastanza diffuso. Oggi qui e lì qualche statua viene ripristinata ma soprattutto in modo abbastanza improvviso (specie per i più distratti) riemerge il valore fondativo della frattura politica e, diremmo, epistemologica operata da Vladimir Ilic.

Se la cifra di questi nostri anni convulsi è il tendenziale rovesciamento della ri-colonizzazione (americana) del mondo, più nota sotto il nome di globalizzazione, e persino il tramonto del dominio occidentale sul globo (esito tutt'altro che scontato ma possibile), allora è necessario tornare a studiare l'iniziativa leniniana poi sviluppatisi lungo assai tortuosi sentieri ben oltre la fine del Secolo Breve (che sembra pretendere di diventare molto lungo) che di questi sconvolgimenti è, indiscutibilmente, la matrice. È come se attraverso la faglia leniniana prorompesse una nuova ondata di materiale storico incandescente, che non si può comprendere se non si torna alle caratteristiche originarie di quella frattura.

Che di frattura decisiva si tratti fu chiaro subito ai protagonisti di questa lunga storia. Il carattere "sconvolgente" e "costituente" delle idee di Lenin e degli atti del governo sovietico (sin dai primi giorni) sull'autodeterminazione dei popoli sono rilevati con stupore praticamente da tutti gli esponenti che da posizioni assai diversificate (a volte lontanissime da quelle dei comunisti) si pongono il tema dell'emancipazione delle nazioni costrette dagli europei alla condizione di colonie o semicolonie.

A Canton Sun Yat Sen fece chiudere i teatri per tre giorni alla notizia della morte di Lenin. È notissima la lettera che (siamo già nel 1930) Nehru scrive da una prigione inglese alla figlia Indira Gandhi indicando come memorabile l'anno di nascita della ragazzina (il 1917!) grazie all'opera di "un grande uomo", ma valutazioni e attenzioni simili le troviamo in nazionalisti turchi, intellettuali persiani persino in qualche principe afghano con volontà di emanciparsi dal controllo inglese. Senza parlare ovviamente di coloro per cui militanza comunista e militanza anticoloniale da subito si identificarono.

Colpiscono per semplicità e forza le parole di Ho Chi Minh: "i popoli coloniali non potevano credere che esistesse un simile uomo e un simile programma". Mille fili legano questo fascino travolgente alla situazione attuale e ne contribuiscono a spiegare aspetti anche sorprendenti. Del resto basta guardare gli studi storici che sono sempre tra gli indicatori più sensibili del presente: nel primo decennio dopo il 1989 gli studi prevalenti sulla Rivoluzione d'ottobre e sul movimento comunista sono studi di teratologia, cioè, studi su una mostruosità che aveva deviato dall'evoluzione storica "normale" parte consistente dell'umanità, condizionandola tutta. Nel nuovo millennio, archiviata la fine della storia, si sviluppa tra storici di diverso orientamento l'interesse per il movimento comunista come grande attore globale che propone vie alternative di modernizzazione.

Il mondo è, senza alcun dubbio, per Lenin lo scenario vero della sua azione politica, la dimensione necessaria della sua strategia rivoluzionaria. Da questo punto di vista possiamo dire che egli è il primo leader politico globale. Marx ha intravisto chiaramente l'unificazione tendenziale del mondo agita dal capitalismo, Lenin assume questa dimensione come cardine della pratica politica quotidiana.

Questa pratica politica globale tiene in tensione - proponendosi, per la prima volta nella storia del mondo, di unificarle - due aspetti: la lotta del proletariato europeo contro il capitalismo, la lotta dei popoli oppressi delle colonie.

A questa tensione se ne incrocia, quasi fosse una trama esplicativa, un'altra: quella tra dimensione nazionale e internazionale della lotta. Il mondo di Lenin è un mondo di classi, popoli, nazioni e l'internazionalismo deve sempre specificarsi nel radicamento nelle specifiche condizioni nazionali (e prima ancora nello studio di esse). Il cosmopolitismo e le costruzioni astrattamente sovranazionali, come il progetto degli Stati Uniti d'Europa, sono guardate con atteggiamento critico se non sprezzante.

La Rivoluzione d'Ottobre nella visione di Lenin trova la sua ragion d'essere storica nell'essere al centro di queste tensioni. Essa non solo avviene al momento giusto, impedendo di riassorbire nel quadro borghese la crisi dell'Impero zarista, ma avviene anche nel posto giusto, in una formazione territoriale e storica che può connettere il movimento operaio europeo, il marxismo e le lotte dei popoli contro l'imperialismo e il colonialismo.

La rottura non solo politica ma innanzitutto culturale con il pensiero europeo dominante (compreso quello socialista) non potrebbe essere più netta. Per dirla con un'espressione di un intellettuale indiano l'Europa iniziò ad essere provincializzata.

Per questo parliamo di una frattura epistemologica decisiva da cui ogni visione policentrica del mondo non può che partire. E per questo bisogna indagarla a partire dal nome con cui questi nuovi soggetti venivano chiamati, popoli d'Oriente.

Che cos'è l' Oriente?

Per i bolscevichi la parola "Oriente" designa almeno tre dimensioni politiche.

1) L'Oriente mussulmano e l'India.

Innanzitutto Oriente indica la grande area che va dalla Turchia all'India e che, soprattutto nel Caucaso e in Asia centrale, incrocia grandi masse di popolazione del territorio stesso dell'ex impero zarista. Questo enorme quadrante assai variegato e complesso, anche se in molti luoghi segnato dalle culture islamiche (e mussulmano è aggettivo spesso usato a definire popolazioni di quest'area nei documenti bolscevichi), è molto interno alle dinamiche della guerra civile e all'intervento esterno delle potenze imperialistiche che si scatenano contro il neonato potere sovietico.

L'attenzione principale è qui soprattutto ai processi di costruzione nazionale che si sviluppano nel centro del dissolto Impero Ottomano, la Turchia. La giovane potenza sovietica gioca di sponda con il nazionalismo turco contro le potenze capitalistiche vincitrici (e interventiste contro la Russia sovietica) similarmente a come fa, in qualche fase, con settori nazionalisti tedeschi dopo Versailles. Ma qui il gioco è molto più complesso. Basti pensare ad una vicenda come quella di Enver Pasha che plasticamente intreccia le lotte che presiedono alla costruzione dello spazio sovietico nel Caucaso e in Asia centrale con i conflitti interni alle élite nazionalistiche turche, in una girandola di alleanze e scontri. Alla fine il risultato sarà politicamente ambiguo, da un lato consentendo la stabilizzazione (per nulla scontata in partenza) del potere sovietico in una vastissima area, ma dall'altro registrando l'impermeabilità del nazionalismo turco a ogni istanza rivoluzionaria, anzi la sua precoce postura anticomunista, che avrà conseguenza di lungo periodo, per tutto il corso del XX secolo. Alterni esiti avranno anche i rapporti con i processi di riorganizzazione che attraversano anche l'altro grande continente storico-culturale di questo quadrante, quello persiano. Un discorso a parte merita l'India, spazio culturale con caratteristiche assai specifiche rispetto al resto dell'area, perla dell'Impero britannico, in cui l'intervento politico diretto del bolscevismo fu più limitato. Ma enorme fu l'impatto che ebbe sul movimento la Rivoluzione d'ottobre sul variegato mondo di chi si batteva per l'indipendenza dell'India. E la grande ostilità dei governi di sua maestà alla Russia sovietica era motivata soprattutto dalla paura per l'India. Sono paure che si prolungano nei tempi, la letteratura ci aiuta a individuarle. In Italia è uscito da qualche anno il romanzo, scritto negli anni '80, di Peter Hopkirk dal significativo titolo *Setting the East Ablaze: Lenin's Dream of an Empire in Asia*, 1984 (letteralmente: *Dare fuoco all'Oriente: il sogno di Lenin di un impero in Asia*, assai più significativo del titolo dell'edizione italiana in cui dare fuoco all'Oriente si trasforma in un meno pregnante "*Avanzando nell'oriente in Fiamme*"). In esso la paura per l'India rappresenta il filo conduttore della trama. Una paura mascherata da allarme per i complotti più improbabili e per fantomatici eserciti sovversivi ma in realtà fondata preoccupazione politica dell'eco sconvolgente che la

Rivoluzione russa e l'elaborazione di Lenin hanno avuto su un'ampia platea militante e intellettuale del subcontinente.

2) *L'Estremo Oriente e la Cina.*
Distinto da questo oriente vicino vi è un altro Oriente nella mente di Lenin, estremo o lontano, anch'esso interno e (assai più) esterno allo spazio dominato dagli Zar.
Questo spazio viene "tematizzato" e soprattutto investito da un'azione politica diretta con un qualche ritardo, in particolare per le vicende della guerra civile e dell'intervento straniero particolarmente aspre nell'Estremo Oriente russo. Ma sarà in questi territori enormi che il discorso leninista sull'oriente getterà radici profondissime capaci di produrre nei decenni successivi sviluppi straordinari e duraturi. Se Oriente significa soprattutto Turchia, Persia, India e il grande antagonista è l'Inghilterra, in Estremo Oriente la Russia sovietica si confronta con l'enorme questione cinese e trova sulla sua strada un imperialismo autoctono particolarmente aggressivo, quello giapponese, primo ad intervenire a fianco delle armate bianche e ultimo a rassegnarsi alla sconfitta (truppe giapponesi rimangono a Vladivostok fino all'ottobre del 1922). La vittoria faticosa e sanguinosa ma netta contro i vari raggruppamenti controrivoluzionari che matura nel 1921 permette di riorganizzare il potere sovietico in vasti territori e di risolvere la questione dell'indipendenza della Mongolia. Nel frattempo, il Comintern lavora alacremente a costruire

nuclei che, negli anni successivi, riscuoteranno importanti risultati in Indonesia, Corea, Indocina.

Si impone poi, molto presto, la centralità della questione cinese. Il rapporto tra la Cina, il pensiero di Lenin e la Rivoluzione d'ottobre è tema storico-politico, non a caso recentemente riscoperto, tanto complesso quanto fondamentale. Schematicamente ma in modo pregante possiamo fissarne il punto di partenza, con la sintonia molto significativa tra la polemica del giovane stato sovietico contro il trattato di Versailles che Lenin definì "indegna pace di violenza, di rapina, di lucro" da un lato, e il movimento cinese cosiddetto del 4 maggio 1919, che è ritenuto ancora oggi il punto di partenza di una nuova Cina, dall'altro. La cifra politica del movimento del 4 maggio, cioè il nesso tra rinnovamento culturale e sociale della Cina e la sua indipendenza e dignità nazionale contro le umiliazioni delle potenze imperialistiche, trova presto un riferimento tanto nelle tesi generali di Lenin quanto negli atti specifici di politica internazionale. Non a caso il marxismo si diffonde in quegli anni in Cina, ma è un marxismo cinese che già nasce "leninista" e che ha originariamente nel suo DNA la centralità della questione nazionale, dell'anticolonialismo e dell'antimperialismo ben diversamente di quanto accade in Europa. E la stessa fondazione del Partito Comunista Cinese, connessa direttamente al movimento del 4 maggio (basta guardare le biografie del suo gruppo dirigente) segue questa strada, ben diversa, dalla fondazione per scissione dal movimento socialista che avviene in occidente. E che sarà un modello diffuso in Asia (ma anche successivamente in Africa) con la significativa eccezione del Giappone. Queste caratteristiche originarie spiegano molto (anche se non tutto) di quello che accadrà negli anni e nei decenni successivi. Spiegano soprattutto due elementi decisivi: da un lato la permeabilità del movimento nazionale cinese al marxismo, il suo collegamento con le posizioni sovietiche (su cui investirono molto, per tutti gli anni Venti, con una presenza costante di consiglieri politici e militari) e dall'altro la propensione del comunismo cinese in più fasi politiche a porsi il problema dell'unità con i nazionalisti, assumendo però l'unità come terreno di sfida egemonica.

3) L'Oriente globale.
Le due dimensioni dell'Oriente che abbiamo descritto si fondono e contemporaneamente si dilatano fino a comprendere territori che solo dopo la morte di Lenin progressivamente saranno investiti concretamente dall'iniziativa articolata del Comintern e dell'Urss, ma che già prima della Rivoluzione sono dentro lo schema nella testa di Lenin e che sono scossi profondamente dal messaggio che viene dall'ottobre sovietico. È un Oriente globale che include anche territori che non sono orientali geograficamente ma lo sono (radicalmente) sotto il profilo politico, oltre a tutta l'Asia esso si estende all' Africa e all'America Latina. Oriente diventa sinonimo di "questione coloniale" e, anche, di

antimperialismo. La connessione con l'attuale discussione sul "Sud globale" appare evidente.

Il tema dello sviluppo ineguale del capitalismo che Lenin studia in modo approfondito, produce già prima negli anni precedenti la Rivoluzione, una definita concezione del processo rivoluzionario su scala mondiale, profondamente innovativa perché basata su dimensioni differenziate ma allo stesso tempo articolate. La rivoluzione sociale, scrive Lenin dall'esilio svizzero, può compiersi soltanto come "un'epoca che associa la guerra civile del proletariato contro la borghesia a tutta una serie di movimenti democratici e rivoluzionari, compresi i movimenti di liberazione nazionale, delle nazioni oppresse". I tempi e le forme della rivoluzione sono radicalmente molteplici. Non solo la concezione della storia lineare ed evoluzionista della Seconda Internazionale è smontata dalle fondamenta, ma la stessa legittimità e centralità della rivoluzione socialista in Russia (che nel momento in cui queste note vengono scritte non è facilmente prevedibile) viene sancita. La Russia può svolgere un ruolo fondamentale non solo per la sua straordinaria collocazione geografica e storica tra Europa e Asia, tra Oriente e Occidente ma anche perché forme di sviluppo assai diverse convivono nello stesso stato (in "Russia c'è Londra ma anche l'India" secondo la battuta di Trotzki). Quest'intuizione che è fondativa del bolscevismo e che, dopo complesse discussioni unifica l'intero gruppo dirigente, troverà uno sviluppo politico straordinario con la politica estera della giovane

Russia rivoluzionaria (grande impatto ebbe la denuncia dei trattati segreti dell'Intesa, in particolare quelli che riguardavano le progettate spartizioni delle terre orientali) e con la fondazione della terza internazionale che già nelle condizioni di ammissione sanciva una posizione nettissima e assegnava compiti precisi ai partiti comunisti dei paesi coloniali.

Un momento di grande discussione teorica e politica avvenne nel secondo congresso del Komintern nel 1920, con un particolare impegno di Lenin che si assunse l'onere di condurre personalmente la discussione delle tesi sulla questione nazionale e coloniale a riprova della centralità che nel pensiero del capo bolscevico rivestiva il problema. Il maggiore interlocutore è il comunista indiano M.N. Roy, un personaggio interessante, che in qualche modo anticipa la figura, su cui hanno riflettuto gli studi postcoloniali, dell'intellettuale diasporico (la sua attività intellettuale e politica attraversò contesti assai diversi dall'India alla Russia Sovietica, dal Messico alla Cina). Egli rappresenta nella discussione dell'Internazionale una forma di radicalismo intellettuale, che più volte si ripresenterà nella storia del movimento operaio e in quella dei suoi rapporti con i movimenti di liberazione che estremizzando alcuni tratti ideologici rischia di separarsi dal movimento reale. Da questo punto di vista la discussione con Roy sulla lotta nei paesi coloniali assomiglia non poco alla precedente discussione di Vladimir Ilic con Rosa Luxemburg sulla questione nazionale. Il confronto con M.N. Roy ci consegna un Lenin particolarmente dialogante e proteso alla sintesi, teso a fare crescere con pazienza un gruppo dirigente di comunisti "orientali", consapevole di trovarsi in un campo straordinariamente nuovo, in cui la sperimentazione è particolarmente necessaria.

La caratteristica forse più peculiare di Lenin, l'unità strettissima e anzi la circolarità di teoria e pratica politica, trova qui una nelle sue espressioni più alte. I risultati sono storicamente assai rilevanti. In particolare due: la definizione dei rapporti tra movimenti di liberazione nazionale e comunisti, una riconsiderazione del rapporto tra grado di sviluppo e prospettiva socialista.

Sul primo punto viene sancita l'alleanza tra i movimenti nazionali e il movimento comunista come scelta strategica ma senza rinunciare ad entrare nel merito delle caratteristiche politiche dei movimenti di liberazione nazionali, con la consapevolezza dei complessi rapporti tra classi dirigenti autoctone e poteri imperialisti. Si consegna quindi ai nuclei rivoluzionari dei paesi orientali e alla stessa Internazionale la responsabilità di analisi concrete e differenziate sulle realtà dei singoli paesi e dei diversi soggetti politici, che si propongono di guidare i popoli "orientali" alla loro emancipazione dal gioco coloniale o semicoloniale. Se ripercorriamo i complessi rapporti tra Kuomintang e Partito Comunista Cinese per fare solo un esempio (ma di grande rilievo) vediamo quanto, storicamente, questa indicazione sia pesata. Sul secondo punto assistiamo a una vera rottura epistemologica nel campo del socialismo: viene affermata con forza, sia pure anche qui facendo appello alla necessaria sperimentazione, la possibilità di vie alternative di cambiamento delle forme economico-sociali rispetto a quelle dei paesi capitalistici avanzati. La rottura con la tradizione della seconda internazionale ma direi con lo stesso pensiero occidentale, è nettissima.

Una tradizione all'opera

Le tesi sulla questione coloniale approvate dal secondo congresso del Komintern sono l'inizio di una storia e di una cultura che attraversano, tra infinite contraddizioni, tutto il XX secolo, acquistano una centralità nei decenni della decolonizzazione, si inabissano al passaggio del millennio e sembrano tornare, in forme molto diverse e in un contesto profondamente mutato, in questa fase.
Dopo la grande spinta del Congresso internazionale del 1920 e dopo il Congresso dei Popoli d'Oriente tenutosi a Baku, nel settembre dello stesso anno, che ne rappresenta la prima concreta applicazione, si inizia a sedimentare un lavoro culturale (che ha nelle decisioni di Baku il primo impulso) i cui effetti saranno profondi. Stiamo parlando della costruzione di istituzioni formative e di ricerca, di riviste, di

associazioni di studiosi, del forte investimento in studi in una pluralità di settori dall'archeologia alla linguistica. Protagonisti di questo sforzo politico e culturale sono uomini come Mikhail Pavlovich (pseudonimo rivoluzionario di Mikhail Lazarovich Vel'tman) protagonista, non molto visibile ma importante, al congresso del Komintern e soprattutto a Baku. Pavlovich fu la figura chiave della costituzione e direzione dell'istituto di studi orientali e dell'influente associazione scientifica sovietica per gli studi orientali, l'esponente più noto e probabilmente più forte teoricamente di un quadro dirigente e intellettuale "specialista" dell'Oriente, che in tempi sorprendentemente rapidi occupa posizioni di responsabilità nel partito Bolscevico, nell'Internazionale, nelle istituzioni sovietiche, nei servizi di sicurezza, nell'Armata Rossa. Un quadro fatto di personalità che vengono da tutte le nazionalità sovietiche ma anche di militanti comunisti internazionali e in cui si saldano una curata preparazione teorica, esperienze politiche (e anche militari), saperi specialistici in un quadro unitario prodotto dalla elaborazione leninista. Attenzione particolare meritano poi le iniziative e le strutture di formazione rivolte a giovani quadri politici dei paesi orientali, provenienti tanto dai partiti comunisti, che si stanno formando, quanto dai movimenti di liberazione nazionale. Troppo lungo sarebbe anche solo accennare alle tante personalità che negli anni 20 frequentarono l'Università Comunista dei Lavoratori d'Oriente o la sua derivazione dedicata alla Cina e intitolata a Sun Yat-sen (a conferma di una precoce e speciale attenzione rivolta alla situazione cinese) o anche iniziative molto meno note come la scuola "Lenin" di Vladivostok, rivolta soprattutto a giovani cinesi e coreani. Basti dire che tra i partecipi di questi corsi vi furono Deng Xiaoping, Ho Chi Minh e persino Yomo Kenyatta.

Ripercorrere il dibattito serrato che attraversò questa cultura "orientale" leninista nella dialettica con le vicende del movimento comunista internazionale e con lo sviluppo delle lotte rivoluzionarie prima in Asia poi in Africa e America Latina sarebbe assai interessante (e parte non piccola di una comprensione adeguata del '900) ma esula dai compiti e dalle dimensioni di questo lavoro.

È importante invece rilevare come si struttura, con caratteristiche inevitabilmente assai variegate ma anche con tratti unitari, una vera tradizione culturale, un punto di vista sul mondo. Inevitabilmente una tradizione di forte impatto politico è oggetto di una costante attenzione critica, da più versanti. Ci sembra interessante individuare e discutere due tendenze critiche, significativamente opposte, almeno all'apparenza.

La prima e assai diffusa reazione all'iniziativa di Lenin verso il mondo coloniale è una orientalizzazione dello stesso bolscevismo. Si potrebbe utilizzare a questo proposito (con qualche licenza, certo) la nozione gramsciana di assedio reciproco. Mentre per Lenin la questione orientale (nella sua già indicata identificazione con la questione dell'emancipazione dei popoli delle colonie e delle semicolonie) è un modo per ampliare il fronte di lotta al capitalismo e all'imperialismo, per l'enorme operazione ideologica che tende, dai primi giorni dopo la Rivoluzione d'ottobre ad oggi, a identificare il comunismo come fenomeno orientale, l'obiettivo è quello di circoscriverne la natura nel recinto dell'arretratezza storica. D'altra parte, negli ultimi anni, avanza un fronte critico opposto, quello che parla di *Red Orientalism* (Orientalismo Rosso!) usando - abbastanza creativamente - il celebre concetto che Edward Said ha usato per descrivere come la cultura europea dell'età coloniale (e quella dei cosiddetti *Area Studies* statunitensi che ne sono i legittimi eredi) avesse costruito un concetto di Oriente funzionale al proprio dominio. Secondo questi critici la sistematizzazione del pensiero leninista riguardo l'Oriente sarebbe stata funzionale esclusivamente alla politica di potenza dell'Urss, avrebbe recuperato abbondantemente lessico e concetti dell'orientalismo occidentale e di quello russo prerivoluzionario e sarebbe sostanzialmente vettore di una idea di "missione civilizzatrice". Nel più puro stile orientalista. Questa tipo di ragionamento, che pure pone alcuni punti da indagare (in particolare che cosa e in che forme la conoscenza sovietica dell'Oriente eredita dagli studi orientalisti della Russia prerivoluzionaria) salta alcuni passaggi fondamentali e in particolare l'opzione nettissima dei Bolscevichi per la soggettivazione dei popoli delle colonie ed anche la radicale critica, che viene da Lenin direttamente, ad ogni idea stereotipata e predeterminata dello sviluppo delle società orientali, ad ogni evoluzionismo occidentale universalizzato. Comunque lo si voglia giudicare la tradizione di studi orientali che prenda vita con il pensiero di Lenin e la Rivoluzione d'ottobre e poi si articola enormemente quando se ne appropriano i concreti movimenti rivoluzionari del '900 ha una "internità" alle dinamiche complesse dei popoli dei paesi che hanno combattuto il colonialismo e il neocolonialismo, che la rende non accostabile al sapere orientalista come lo hanno definito Said e poi gli studi postcoloniali. Ovviamente non si tratta di rivendicare una qualche "purezza", la differenza è differenza di collocazione. Ed è differenza radicale.

Molto difficile da affrontare organicamente, in conclusione, è il tema che in più punti del nostro argomento abbiamo incrociato e che riveste un indubbio interesse al punto da essere evocato anche nel dibattito *mainstream*. Quando una rivista come *Limes* riconduce l'intrinsichezza alla Russia di classi dirigenti africane che mettono alla porta la Francia ai legami nati in quelle istituzioni formative che abbiamo visto nascere e moltiplicarsi su indicazione del lontano Congresso di Baku, quando solidarietà antimperialiste antiche producono eventi clamorosi come l'iniziativa sudafricana contro Israele, quando tornano centrali (certo in forme assai diverse dal passato) i rapporti tra Russia e Cina, quando le cancellerie occidentali trovano inspiegabile la posizione dell'India sulla crisi ucraina, non c'è dubbio alcuno che la tradizione politica e intellettuale che abbiamo ricostruito viene chiamata in causa.

Un approfondimento particolare meriterebbe la vicenda dei cambiamenti della politica russa negli ultimi trent'anni. Ci limitiamo qui a segnalare una traccia. Non c'è dubbio che la prima (e forse decisiva) rottura dell'eltsnismo, cioè di una collocazione della Federazione Russa completamente subalterna all'occidente, politicamente e culturalmente, è legata ad un nome preciso: Evgenij Maksimovič Primakov. E alla sua politica che una fonte ostile ma attenta come Samuel Huntington definisce precocemente "antiegemonica". Ma chi è Evgenij Primakov? È indiscutibilmente un prodotto tipico di quella tradizione politica e culturale che abbiamo descritto, anzi nell'ultima fase della vita dell'URSS ne è il rappresentante più autorevole. Laureato nel 1953 in studi orientali, corrispondente dal Medio Oriente per Radio Mosca e per la Pravda, è protagonista per decenni dell'analisi e dell'iniziativa sull' "Oriente" in alcuni dei gangli decisivi della complessa architettura sovietica: gli istituti di ricerca, l'Accademia delle Scienze e, ambito non certamente secondario, il KGB. Anzi come responsabile della rilanciata, nel 1979, Associazione per gli studi orientali, Primakov è l'erede anche formale di Mikhail Pavlovich, al cui lavoro esplicitamente si ricollega. Con Primakov in epoca post sovietica prima Ministro degli Esteri, poi Presidente del Consiglio la collocazione russa cambia sostanzialmente, e se sotto il profilo simbolico colpì l'interruzione del viaggio a Washington alla notizia dell'inizio del bombardamento del Kosovo, è la "dottrina Primakov" cioè il progetto di costruzione di un asse strategico con Cina e India e l'attenzione al ruolo dell'Iran, che definisce tratti salienti di una nuova collocazione internazionale della Russia in funzione - si direbbe con antico termine - di contrappeso al ruolo degli USA. E ancora una volta un filo rosso tra passato e presente appare evidente.

Ovviamente cautela e attenzione sono d'obbligo: è sbagliata e sterile ogni sovrapposizione che non tenga conto di una situazione del mondo che la storia dell'ultimo secolo ha trasformato profondamente, ma allo stesso tempo è assurdamente miope non vedere le lunghe tendenze che connettono la frattura rivoluzionaria leninista, le lotte anticoloniali della seconda metà del '900 (potentemente spinte dalla vittoria sovietica nella seconda guerra mondiale e dalla Rivoluzione Cinese), le resistenze di fine secolo con l'odierna lotta per il mondo multipolare. Il Sud Globale è erede dell'Oriente Globale delineato negli anni Venti e della lotta per la decolonizzazione e - fatto decisivo, perché la soggettività conta - rivendica questa eredità.

Naturalmente questa ricerca sull'Oriente tiene dentro di sé domande anche sull'altro polo, sull'occidente, chiede di fare luce anche sulla nostra parte del mondo. Il discorso di Lenin sull'Oriente è anche il discorso di un nuovo, necessario, rapporto tra il movimento operaio dei paesi capitalistici dell'occidente e i popoli in lotta per la liberazione dal giogo coloniale. La Rivoluzione russa, come si è detto, viene vista come il ponte tra queste due realtà. La sconfitta del movimento operaio e del marxismo in occidente, le cui durissime conseguenze storiche appaiono in questa fase particolarmente evidenti e devastanti, pongono problemi enormi. E di questo bisognerà riparlare.

Cento anni dalla morte di Lenin / di Salvatore Bravo

Il centenario di Lenin avviene in un clima storico senza speranza. La possibilità di confrontarsi con un rivoluzionario che "ce l'ha fatta" è motivo per comprendere l'importanza dell'evento e riattivare la dimensione della speranza.

Cento anni ci separano dalla morte di Lenin, arco temporale così ampio nel quale la trasformazione sembra essere la cifra del nostro tempo. I processi strutturali sono governati da leggi che bisogna decriptare, in modo da storicizzare ciò che appare "l'assoluto in Terra". Lenin può essere un punto di riferimento dialettico per pensare "il tempo nuovo della Rivoluzione". Il capitalismo nella sua fase imperiale occupa lo spazio e il tempo per neutralizzare ogni prospettiva storica altra. La logica competitiva-imperiale è nel quotidiano e si estende anche nelle attività apparentemente divergenti. Il tempo libero è in continuità con la logica competitiva, la coscienza infelice motore della storia è anestetizzata dall'anglosfera. Le tossine del capitale sono tentacolari e hanno l'effetto di neutralizzare l'immaginazione concettuale con cui pensare l'alternativa. Occupare lo spazio-tempo in senso assoluto conduce ad un pessimismo depressivo generalizzato, in quanto il presente all'ombra del capitale "sembra tutto", non c'è scampo ad esso. Il capitalismo è percepito come "totalità/gabbia d'acciaio senza alternativa" alla quale non si può sfuggire.

Il centenario di Lenin avviene in un clima storico senza speranza. La possibilità di confrontarsi con un rivoluzionario che "ce l'ha fatta" è motivo per comprendere l'importanza dell'evento e riattivare la dimensione della speranza.

Il capitalismo esalta "i servi" organici al sistema e i disperati che si adattano rabbiosi e reificati. Lenin ci dimostra con la sua storia individuale inscindibile dalla storia del partito comunista, che la storia non è mai conclusa. Il rivoluzionario di ogni epoca deve cogliere le occasioni della storia che improvvise possono materializzarsi per trasformarle in azione. Lenin dunque dimostra che la prassi bisogna prepararla e agguantarla nel contempo. Ora che l'Unione Sovietica è caduta, il suo fondatore continua a parlarci attraverso le sue voluminose opere ignorate dal "sistema capitale". Riaccostarci alle sue opere ci permette di cogliere il nucleo veritativo e attuale delle sue analisi sul capitalismo da utilizzare per decodificare il nostro presente. *L'Imperialismo come fase suprema del Capitalismo* di Lenin saggio pubblicato nel 1917, oggi è più attuale che mai.

Lenin ci offre la categoria principe con cui comprendere la ragione strutturale della devastazione antropologica e ambientale in cui siamo. Le guerre sono il risultato della guerra tra i monopoli economici. La concorrenza divenuta perversa pratica di assimilazione e controllo di porzioni sempre più grandi di mercato spiega il proliferare metastatico delle guerre della contemporaneità. Lenin individuò nella concentrazione monopolistica il salto di qualità del capitalismo che avrebbe usato la guerra per cannibalizzare risorse e nazioni in nome della lotta tra monopoli. Gli Stati sono solo strumenti degli stessi che con le loro immense risorse finanziarie possono comprare politici e maggioranze. I monopoli utilizzano intelligenze e forza lavoratrice che viene socializzata, mentre i guadagni e la proprietà restano privati. La contraddizione analizzata da Lenin è ancora tra di noi:

> "La concorrenza si trasforma in monopolio. Ne risulta un immenso processo di socializzazione della produzione. In particolare si socializza il processo dei miglioramenti e delle invenzioni tecniche. Ciò è già qualche cosa di ben diverso dall'antica libera concorrenza tra imprenditori dispersi e sconosciuti l'uno all'altro, che producevano per lo smercio su mercati ignoti. La concentrazione ha fatto progressi tali, che ormai si può fare un calcolo approssimativo di quasi tutte le fonti di materie prime (per esempio i minerali di ferro) di un dato paese, anzi, come vedremo, di una serie di paesi e perfino di tutto il mondo. E non solo si procede a un tale calcolo, ma le miniere, i territori produttori vengono accaparrati da colossali consorzi monopolistici. Si calcola

approssimativamente la capacità del mercato che viene "ripartito" tra i consorzi in base ad accordi. Si monopolizza la mano d'opera qualificata, si accaparrano i migliori tecnici, si mettono le mani sui mezzi di comunicazione e di trasporto: le ferrovie in America, le società di navigazione in America e in Europa. Il capitalismo, nel suo stadio imperialistico, conduce decisamente alla più universale socializzazione della produzione; trascina, per così dire, i capitalisti, a dispetto della loro coscienza, in un nuovo ordinamento sociale, che segna il passaggio dalla libertà di concorrenza completa alla socializzazione completa. E' socializzata la produzione, ma l'appropriazione dei prodotti resta privata. I mezzi sociali di produzione restano proprietà di un ristretto numero di persone. Rimane intatto il quadro generale della libera concorrenza formalmente riconosciuta, ma l'oppressione dei pochi monopolisti sul resto della popolazione viene resa cento volte peggiore, più sensibile, più insopportabile"[2]

---

2   Lenin, *L'Imperialismo come fase suprema del Capitalismo*, paragrafo: *La concentrazione della produzione e i monopoli.* Cfr: http://www.centrogramsci.it/classici/pdf/imperialismo_lenin.pdf

Libera concorrenza

Il mercato è dominato dai monopoli, questi ultimi sono la logica intrinseca del capitalismo nella sua fase imperiale. Per sopravvivere nel mercato non vi è che il "monopolio", il quale è operativo non solo dove ci sono le materie prime. La retorica della libera concorrenza e della libertà d'impresa si mostra nella sua verità. I luoghi della formazione, oggi, sono le sedi dove si salmodia sulla libera concorrenza e sul merito, si tratta di una prassi ideologica con cui si cela alle nuove generazioni la verità sul mercato. I giochi sono già fatti, pertanto entreranno nel mercato già da sussunti. Lenin è rimosso dai piani di studio, perché svela il capitalismo con i suoi inganni.
Il capitalismo nella sua fase imperiale diviene oligarchico ed elitario. Un pugno di uomini e di monopoli controllano il mercato e gli Stati. Elon Musk, eroe della contemporaneità, con Starlink ha il monopolio della rete dallo spazio. Bill Gates, altro mito della ricchezza senza limiti, è stato ricevuto dal Presidente Mattarella come fosse un capo di Stato. La fase imperiale del capitalismo è pienamente realizzata:

> "Vogliamo ancora recare un esempio dello spadroneggiare dei cartelli. Là dove si possono metter le mani su tutte o sulle principali sorgenti di materie prime, i monopoli nascono e si formano con particolare facilità. Tuttavia sarebbe erroneo credere

che i monopoli non sorgano anche in altri rami industriali, dove sia impossibile impossessarsi delle fonti delle materie prime"[3]

Le logiche dei monopoli/cartelli non sono oggetto solo di un'analisi razionale, in Lenin vi è una condanna etica dell'accaparramento delle risorse e dell'esproprio dei beni delle comunità. Condanna etica e analisi economica si rafforzano parallelamente e si integrano. Lenin denuncia i ricatti con cui i monopoli assimilano e divorano i concorrenti. La violenza è la struttura del capitale ed è la sua legge intrinseca. I concorrenti sono assorbiti nei cartelli mediante la logica della "privazione". Li si priva del credito, delle materie prime e della mano d'opera. Lo strangolamento non può che portare i concorrenti a cedere le loro quote di mercato. Le multinazionali contemporanee non agiscono diversamente, esse si consolidano per privazione, strangolano i concorrenti, li assimilano e acquisiscono fette di mercato globale sempre più ampie:

> "È sommamente istruttivo dare uno sguardo anche fuggevole all'elenco dei mezzi dell'odierna, moderna e civile "lotta per l'organizzazione" a cui ricorrono i consorzi monopolistici:

---

3   Ibidem.

1) Privazione delle materie prime (... "uno dei più importanti metodi coercitivi per far entrare nei cartelli");
2) Privazione della mano d'opera mediante "alleanze" (cioè accordi tra organizzazioni di capitalisti e di operai per cui questi ultimi si obbligano a lavorare soltanto per imprese cartellate);
3) Privazione dei trasporti;
4) Privazione di smercio;
5) Accaparramento dei clienti mediante clausole di esclusione;
6) Metodico abbassamento dei prezzi allo scopo di rovinare gli autonomi, le aziende cioè che non si sottomettono ai monopolisti; si gettano via dei milioni vendendo per qualche tempo al disotto del prezzo di costo (nell'industria della benzina si sono dati casi di riduzione da 40 a 22 marchi, cioè quasi della metà);
7) Privazione del credito;
8) Dichiarazione di boicottaggio"[4].

Oligarchie

I monopoli sono un corpo unico con le banche. Le banche sono il sangue e l'anima del capitale. Il denaro è l'arma con cui ricattano i capitalisti. Le industrie finiscono col

---

4   Ibidem.

dipendere dalle banche. Per rompere la dipendenza i monopoli e i capitalisti entrano con le azioni nelle banche in modo da poterle controllare e usare per la liquidità. Il denaro e l'accumulo di plusvalore è l'unico imperativo a cui il capitale obbedisce, come l'assoluto spinoziano è mosso da una necessità che ne determina la forma. Non ha fini, non conosce verità, ma deve esso stesso accettare la legge suprema del denaro per sopravvivere nella competizione. Il cattivo infinito del capitalismo è l'accumulo senza limite dietro il quale vi è la logica della guerra e dello sfruttamento resa ipostasi indiscutibile e dogmatica. La nuova religione del denaro che tutto può comprare ha sostituito le religioni tradizionali.

Banche e monopoli sono un corpo unico e tagliente con cui assaltare il mercato e i popoli. Siamo dinanzi a briganti e saccheggiatori seriali e oligarchici che in modo vampiresco drenano risorse e sfruttano ogni occasione per diventare potenze imperiali. La politica cade sotto il peso dei monopoli, è sussunta al dominio economico. Il capitalismo imperiale con la sua onnipotenza finanziaria non incontra alcun limite e sacrifica gli uomini sull'altare del plusvalore:

> "L'ultima parola dello sviluppo del sistema bancario è sempre il monopolio. Ma precisamente nell'intimo nesso tra le banche e l'industria appare, nel modo più evidente, la nuova funzione delle banche. Quando la banca sconta le cambiali di un dato industriale, gli

apre un conto corrente, ecc., queste operazioni, considerate isolatamente, non scemano in nulla l'indipendenza di quell'industriale, e la banca resta nei limiti di una modesta agenzia di mediazione. Ma non appena tali operazioni diventano frequenti e si consolidano, non appena la banca "accumula" capitali enormi, non appena la tenuta del conto corrente di un dato imprenditore mette la banca in grado di conoscere, sempre più esattamente e completamente, la situazione economica del suo cliente - e questo appunto si va verificando - allora ne risulta una sempre più completa dipendenza del capitalista industriale dalla banca. Nello stesso tempo si sviluppa, per così dire, un'unione personale della banca con le maggiori imprese industriali e commerciali, una loro fusione mediante il possesso di azioni o l'entrata dei direttori di banche nei Consigli di amministrazione (o di direzione) delle imprese industriali e commerciali e viceversa"[5].

I monopoli divorano le leggi del mercato, la libera concorrenza e la possibilità generalizzata di diventare "imprenditori" è la fiaba con cui i popoli sono ingannati. La mobilità sociale è lo slogan, allora come oggi, delle democrazie liberali. Il denaro e le clientele determinano il successo. Il monopolio con l'accumulo di denaro e con il

---

5   Ibidem, paragrafo: *Le banche e la loro nuova funzione*.

dominio consente di comprare la politica e di intrattenere con essa "relazioni utili e pericolose". Le decisioni politiche sono prese fuori dai parlamenti, la corruzione è la normalità, le leggi che favoriscono taluni anziché altri sono il frutto di dinamiche extraparlamentari. La democrazia è solo uno strumento ideologico di dominio. Nel nostro tempo i conflitti d'interesse mai risolti sono rimossi dalla stampa *mainstream*. L'informazione è nelle mani di pochi, il nuovo clero mediatico e accademico è alle dipendenze dirette o in dirette dei potentati economici. Il libero mercato è solo spartizione feudale del pianeta, mentre il *mainstream* con le sue omelie "politicamente corrette" esalta la libertà garantita dal mercato, in cui fluiscono "merci e idee":

> "Il capitale finanziario ha creato l'epoca dei monopoli. Ma questi recano ovunque con sé principi monopolistici: in luogo della concorrenza sul mercato aperto, appare l'utilizzazione delle "buone relazioni" allo scopo di concludere affari redditizi. La cosa più frequente nella concessione di crediti è quella di mettere come condizione che una parte del denaro prestato debba venire impiegato nell'acquisto di prodotti del paese che concede il prestito, specialmente di materiale da guerra, navi, ecc."[6].

---

6   Ibidem, paragrafo: Capitale finanziario e oligarchia finanziaria.

Guerra

La guerra è pianificata non solo con le armi, ma anche con la penetrazione dei monopoli nelle nazioni, essi controllando le infrastrutture principali finiscono per colonizzarli. Una nazione le cui infrastrutture sono sotto il controllo di pochi privati perde l'indipendenza, l'autonomia politica e la sua identità.

Il monopolio del 5G è controllato da Huawei, Nokia, Ericsson, Cisco e Zte, tale realtà attualizza le riflessioni di Lenin: i privati che posseggono il monopolio del 5G possono controllare e spiare una nazione e le decisioni governative, si insediano stabilmente in una nazione per diventarne il governo reale che si contrappone al governo formale. Per funzionare il 5G necessita di una immensa quantità di dati con cui integrare i dispositivi digitali, pertanto il capitalismo della sorveglianza è pienamente realizzato. Le libertà definite per Costituzione sono solo forma svuotata di ogni verità e validità reale. La lotta per il monopolio del 5G è guerra per il controllo degli Stati:

> "Le associazioni monopolistiche dei capitalisti loro il mercato interno e si impadroniscono della produzione del paese. Ma in regime capitalista il mercato interno è inevitabilmente connesso col mercato esterno. Da lungo tempo il capitalismo ha creato un mercato mondiale. E a misura che cresceva la esportazione de relazioni estere e coloniali e le

"sfere d'influenza" delle grandi associazioni monopolistiche, "naturalmente" si procedeva sempre più verso accordi internazionali tra di esse e verso la creazione di cartelli mondiali. Questo è un nuovo gradino della concentrazione mondiale del capitale e della produzione, un gradino molto più elevato del precedente. Vogliamo ora vedere come sorge questo super monopolio. L'industria elettrica è quella che meglio di ogni altra rappresenta gli ultimi progressi compiuti dalla tecnica e dal capitalismo tra la fine del secolo XIX e l'inizio del XX. Essa si è sviluppata con maggior forza nei due nuovi paesi capitalistici più progrediti, gli Stati Unit specialmente la crisi del 1900 esercitò una grande influenza sull'incremento della concentrazione in questo campo. Le banche, già abbastanza fuse con l'industria, durante questa crisi accelerarono e approfondirono in altissimo grado la rovina delle imprese relativamente piccole e l'assorbimento di esse nelle grandi aziende"[7].

La guerra sul campo è finanziata e voluta dai monopoli, i quali per sostenere l'espansione industriale devono guerreggiare per i territori nei quali vi sono le materie prime. Il controllo-saccheggio dei popoli e del loro territorio non può che portare alla guerra tra monopoli-Stati. I popoli sono "da aizzare" all'occorrenza, in modo da provocare guerre

---
7   Ibidem, paragrafo: *La spartizione del mondo tra le unioni capitalistiche*.

finalizzate alla conquista dei potenziali produttori di materie prime. La Prima guerra mondiale è denunciata da Lenin per tale spietata logica; la guerra in Ucraina del 2022 e l'invasione della Striscia di Gaza da parte di Israele nel 2023 sono sulla stessa linea. Le terre nere dell'Ucraina, i minerali rari del Donbass (berillio, litio, tantalio, niobio, neon, zirconio) e i giacimenti di gas scoperti nel mare prospiciente la Striscia di Gaza sono i reali motivi delle guerre in atto. I monopoli finanziano le guerre e usano gli Stati, che si lasciano comprare per sfruttare e controllare le fonti di energia. L'analisi di Lenin è oggi più vera che mai:

> "Per il capitale finanziario sono importanti non solo le sorgenti di materie prime già scoperte, ma anche quelle eventualmente ancora da scoprire, giacché ai nostri giorni la tecnica fa progressi vertiginosi, e terreni oggi inutilizzabili possono domani esser messi in valore, appena siano stati trovati nuovi metodi (e a tal fine la grande banca può allestire speciali spedizioni di ingegneri, agronomi, ecc.) e non appena siano stati impiegati più forti capitali. Lo stesso si può dire delle esplorazioni in cerca di nuove ricchezze minerarie, della scoperta di nuovi metodi di lavorazione e di utilizzazione di questa o quella materia prima, ecc. Da ciò nasce inevitabilmente la tendenza del capitale finanziario ad allargare il proprio territorio economico, e anche il proprio

territorio in generale. Nello stesso modo che i trust capitalizzano la loro proprietà valutandola due o tre volte al disopra del vero, giacché fanno assegnamento sui profitti "possibili" (ma non reali) del futuro e sugli ulteriori risultati del monopolio, così il capitale finanziario, in generale, si sforza di arraffare quanto più territorio è possibile, comunque e dovunque, in cerca soltanto di possibili sorgenti di materie prime, con la paura di rimanere indietro nella lotta furiosa per l'ultimo lembo della sfera terrestre non ancora diviso, per una nuova spartizione dei territori già divisi. I capitalisti inglesi fanno tutto il possibile per promuovere nella loro colonia d'Egitto la produzione del cotone, che nel 1904 su 2,3 milioni di ettari di territorio coltivato occupava 0,6 milioni di ettari, vale a dire più di un quarto; i russi fanno lo stesso nelle loro colonie del Turkestan. Perché gli uni e gli altri possono così battere meglio i loro concorrenti esteri, monopolizzare più facilmente le sorgenti di materia prima e creare un trust tessile quanto più è possibile economico e redditizio, con produzione "combinata" Mediante la concentrazione di tutti gli stadi della produzione e della lavorazione del cotone nelle stesse mani. Anche gli interessi d'esportazione del capitale spingono alla conquista di colonie, giacché sui mercati coloniali più facilmente (e talvolta unicamente) si possono eliminare i concorrenti, col

> sistema del monopolio, assicurare a sé le forniture, fissare in modo definitivo le necessarie "relazioni""[8].

I monopoli rendono il pianeta instabile da un punto di vista politico ed economico. La guerra tra monopoli non può che aumentare in intensità con il tempo. Le crisi di sovrapproduzione sono diventate sempre più ricorrenti. Dalla Prima guerra mondiale ad oggi, lo sviluppo delle tecnologie finanziate dai monopoli è divenuto la causa della sovrapproduzione; si produce velocemente e in "quantità infinita". La guerra per il controllo dei mercati è diventata gradualmente più accelerata con il supporto delle "libere scienze", il risultato finale è la guerra. Lenin deviando da ogni legge stadiale del marxismo instaurò il comunismo in Russia, in quanto comprese che la lotta tra monopoli è fessurazione del sistema che può essere usata dai rivoluzionari quale occasione per abbatterlo:

> "La libera concorrenza è l'elemento essenziale del capitalismo e della produzione mercantile in generale; il monopolio è il diretto contrapposto della libera concorrenza. Ma fu proprio quest'ultima che cominciò, sotto i nostri occhi, a trasformarsi in monopolio, creando la grande produzione, eliminando la piccola industria, sostituendo alle grandi fabbriche altre ancor più grandi, e spingendo

---

8 Ibidem.

tanto oltre la concentrazione della produzione e del capitale, che da essa sorgeva e sorge il monopolio, cioè i cartelli, i sindacati, i trust, fusi con il capitale di un piccolo gruppo, di una decina di banche che manovrano miliardi. Nello stesso tempo i monopoli, sorgendo dalla libera concorrenza, non la eliminano, ma coesistono, originando così una serie di aspre e improvvise contraddizioni, di attriti e conflitti. Il sistema dei monopoli è il passaggio del capitalismo a un ordinamento superiore. Se si volesse dare la definizione più concisa possibile dell'imperialismo, si dovrebbe dire che l'imperialismo è lo stadio monopolistico del capitalismo. Tale definizione conterrebbe l'essenziale, giacché da un lato il capitale finanziario è il capitale bancario delle poche grandi banche monopolistiche fuso col capitale delle unioni monopolistiche industriali, e d'altro lato la ripartizione del mondo significa passaggio dalla politica coloniale, estendentesi senza ostacoli ai territori non ancor dominati da nessuna potenza capitalistica, alla politica coloniale del possesso monopolistico della superficie terrestre definitivamente ripartita"[9].

---

9 Ibidem, paragrafo: *Parassitismo e imputridimento del capitalismo*.

Imputridimento del capitalismo

I monopoli sono diabolici nell'azione, essi secondo il significato etimologico del termine "diabolico" sono divisori, per cui dividono e contrappongono le classi oppresse. Nelle nazioni europee avanzate la classe operaia usufruisce di un miglioramento delle condizioni materiali e giuridiche di vita, ma tale miglioramento sostenuto dai socialdemocratici è ottenuto con lo sfruttamento sanguinario dei popoli assoggettati e colonizzati. La visuale di Lenin non è eurocentrica, ma pensa il mondo dalla prospettiva dei paesi colonizzati. I monopoli con il loro potere corruttivo non solo hanno sostituito la politica, ma hanno spezzato l'unità di classe dei popoli, corrompendo taluni con concessioni materiali mediante la politica di rapina dei popoli colonizzati. Lo sfruttamento è generalizzato ma con gradualità differenti.

L'unità comunista è così frantumata, di conseguenza l'internazionale comunista è anch'essa attaccata dai monopoli con manovre di ordine economico. L'imborghesimento della classe operaia è parte di un lucido disegno dei monopoli e dei rappresentanti della classe operaia occidentale che hanno sostituito la rivoluzione con il riformismo economico e l'eliminazione della gerarchia di dominio con il miglioramento delle condizioni materiali, vi è stato dunque un autentico tradimento in Occidente:

"Qui sono svelati chiaramente cause ed effetti. Cause: 1) sfruttamento del mondo intero per opera di un determinato paese; 2) sua posizione di monopolio sul mercato mondiale; 3) suo monopolio coloniale.

Effetti: 1) imborghesimento di una parte del proletariato inglese; 2) una parte del proletariato si fa guidare da capi che sono comprati o almeno pagati dalla borghesia. L'imperialismo dell'inizio del XX secolo ha ultimato la spartizione del mondo tra un piccolo pugno di Stati, ciascuno dei quali sfrutta attualmente (nel senso di spremerne soprapprofitti) una parte del "mondo" quasi altrettanto vasta che quella dell'Inghilterra nel 1858; ciascuno di essi ha sul mercato mondiale una posizione di monopolio grazie ai trust, ai cartelli, al capitale finanziario e ai rapporti da creditore a debitore; ciascuno possiede, fino ad un certo punto, un monopolio coloniale (vedemmo che dei 75 milioni di chilometri quadrati di tutte le colonie del mondo, ben 65 milioni, cioè l'86% sono nelle mani delle sei grandi potenze; 61 milioni, cioè l'81% appartengono a tre sole potenze). La situazione odierna è contraddistinta dall'esistenza di condizioni economiche e politiche tali da accentuare necessariamente l'inconciliabilità dell'opportunismo con gli interessi generali ed essenziali del movimento operaio. L'imperialismo, che era virtualmente nel capitalismo, s'è sviluppato in sistema dominante i monopoli capitalistici hanno preso il primo posto nell'economia e nella politica; la spartizione del mondo è ultimata, e d'altro lato in luogo dell'indiviso monopolio dell'Inghilterra osserviamo la lotta di un piccolo numero di potenze imperialistiche per la partecipazione al monopolio, lotta che caratterizza tutto l'inizio del XX secolo. In nessun paese l'opportunismo può più restare completamente vittorioso nel movimento operaio per una lunga serie di decenni, come fu il caso per l'Inghilterra nella seconda metà del secolo XIX; ma invece in una serie di paesi l'opportunismo è diventato maturo, stramaturo e fradicio, perché esso, sotto l'aspetto di socialsciovinismo, si è fuso interamente con la politica borghese"[10].

Esportare la rivoluzione in Occidente significa affrontare la resistenza della stessa classe operaia corrotta nella coscienza di classe dalle manovre della politica guidata dai monopoli:

"È da aggiungere soltanto che anche in seno al movimento operaio gli opportunisti, oggi provvisoriamente vittoriosi nella maggior parte dei paesi, "lavorano" sistematicamente, indefessamente nella medesima direzione. L'imperialismo, che significa la spartizione di tutto il mondo e lo

---

10 Ibidem.

sfruttamento non soltanto della Cina, che significa alti profitti monopolistici a beneficio di un piccolo gruppo di paesi più ricchi, crea la possibilità economica di corrompere gli strati superiori del proletariato, e, in tal guisa, di alimentare, foggiare e rafforzare l'opportunismo"[11].

---

[11] Ibidem.

Lenin nel giudizio storico di Costanzo Preve / di Salvatore Bravo

Le parole di Costanzo Preve ben colgono ed esprimono il pregiudizio principale da trascendere per restituire a Lenin onori ed errori e rimetterci in cammino.

Oggi che l'Unione Sovietica è caduta in modo inglorioso la precarizzazione è divenuta la costante in ogni parte del mondo. Gli oligarchi non hanno timore del comunismo, per cui agiscono senza limite alcuno. L'occasione per ricostruire l'internazionale dei popoli trova oggi le condizioni storiche, ma manca la coscienza di classe. Il grande lavoro dello spirito e della politica che ci attende è ricostruire una egemonia culturale critica e trasformatrice nella quale convogliare, senza settarismi e inutili chiusure preconcette, le forze che già si oppongono al sistema di dominio e sfruttamento globale. *In primis* bisogna eliminare la leggenda nera del Novecento quale secolo dei soli orrori, versione ideologica ad uso del capitalismo e riportare la verità storica dove regna la violenza ideologica.

Le parole di Costanzo Preve ben colgono ed esprimono il pregiudizio principale da trascendere per restituire a Lenin onori ed errori e rimetterci in cammino:

"Gli storici definiscono "leggenda nera" (*leyenda negra*) la teoria per cui gli spagnoli avrebbero di fatto genocidato i popoli amerindi dell'America Latina. Non sono uno specialista di quella storia, e quanto dico deve essere preso con beneficio d'inventario. A me sembra che gli spagnoli volevano prima di tutto sottomettere e schiavizzare, mentre gli anglosassoni intendevano invece sgomberare il terreno e quindi direttamente genocidare. Se sbaglio mi si corregga. D'altra parte, poiché una immagine vale spesso più di mille pagine di teoria, basta guardare le facce di George Bush e di Hugo Chavez per sapere quale dei due modelli coloniali ha saputo integrare di più i dominati. Ancora adesso chi guarda i telefilm americani vedrà negri in tutte le salse, negri poliziotti, negri pompieri, persino negri dirigenti, ma non vedrà mai coppie miste di neri e di bianchi. Ci si chiede il perché, e si comincerà a capire qualcosa di più del mondo contemporaneo a direzione ideocratica imperiale americana[12].

Oggi Lenin è il protagonista principale, insieme a Hitler[13] e Stalin[14] (i poveri Mao e Mussolini sono obbligati a sedere in seconda fila!), della "leggenda nera" del novecento, secolo diabolico in cui l'utopia della virtù si è rovesciata in terrore (Hegel, Merleau-

---

12 Cfr.: http://www.kelebekler.com/occ/praxis01.htm
13 Cfr.: http://www.kelebekler.com/occ/losurdo.htm
14 Cfr.: http://www.kelebekler.com/occ/prevefassino4.htm

Ponty, Furet, eccetera), ed in cui il comunismo non è stato che l'applicazione politica del livellamento fordista al mondo sociale. Poiché noi italiani ci distinguiamo sempre per essere feroci e buffoni (ma spesso non sappiamo che gli altri se ne accorgono, e se non lo dicono è solo per educazione!), questa teoria è italiana come la pizza e l'alta moda, ed ha trovato in Marco Revelli il suo esponente più determinato. Il "pentimento" degli ex Lotta Continua, questo sgradevole fenomeno sociologico, morale ed editoriale, ha evidentemente una durata di molti decenni"[15].

Oblio e censura nei decenni di neoliberismo totalitario e antidemocratico post-sovietico hanno rimosso Lenin dalla visuale politica e filosofica. Il sistema addomestica intossicando con la menzogna i subalterni, educandoli così alla disperazione. Non solo non c'è alternativa, ma il sistema è inviolabile e invincibile, per cui seguendo la morale provvisoria cartesiana si chiede di adattarsi al mondo e di cambiare se stessi e non la storia. Lenin ci riporta la speranza e la prassi, tutto è ancora possibile, dobbiamo preparare le nuove generazioni al possibile che può apparire in qualsiasi momento. La guerra dei monopoli rende il sistema fragile e instabile, pertanto la fessurazione è già nelle guerre che si

---

[15] Costanzo Preve, *A ottanta anni dalla morte di Lenin (1924 -2004)*, *Comunismo e comunità*, 22 gennaio 2014

consumano nella loro tragica normalità, manca la coscienza di classe, è tutta da costruire, ed è il grande compito che ci attende per superare l'anomia alienante del nostro tempo.

Costanzo Preve e Lenin

Costanzo Preve nei suoi scritti ha tracciato un giudizio storico e filosofico di Lenin. Giudicare significa discernere, pertanto il giudizio di Costanzo Preve è stato alieno da forme ideologiche di demonizzazione oggi imperanti sul rivoluzionario russo o da inutili nostalgie idolatriche. Egli ha calibrato con equilibrio l'ammirazione ragionata per il fondatore dell'Unione Sovietica con la "distanza da talune scelte politiche e filosofiche". Una ricostruzione storica oggettiva e dialettica non può non considerare che gli "aspetti sgradevoli" della Rivoluzione russa sono l'effetto dell'aggressione delle potenze capitalistiche dopo il 1917.

Lenin e la storia del comunismo sovietico devono essere contestualizzati per essere compresi pienamente. Il giudizio dev'essere concreto e non astratto per essere discernimento storico e filosofico.

La guerra civile tra Bianchi e Rossi (1917-1922), la contemporanea guerra con la Polonia (1919-1921) e il comunismo di guerra (1918-1921) segnarono profondamente il futuro della Rivoluzione russa. L'Occidente sosteneva le forze reazionarie per ristabilire il capitalismo in Russia e saccheggiarne le risorse; la restaurazione della monarchia dei Romanov era solo il velo di Maya dietro cui nascondere famelici e ordinari appetiti. L'Unione Sovietica ne uscì vittoriosa, ma dovette improntare la sua politica sulla difesa militare e sulla caccia sistematica al "nemico interno". Il conflitto tra Bianchi e Rossi causò la carestia nel 1921 che provocò due milioni di morti a cui devono aggiungersi i due milioni di vittime circa della guerra civile, pertanto ciò che avvenne dopo la sconfitta dei Bianchi dev'essere letto all'ombra dell'invasione che le potenze occidentali e anticomuniste posero in atto:

> "La maggior parte dei tratti "sgradevoli" e violenti del comunismo storico novecentesco non deve essere fatta risalire alla rivoluzione d'ottobre 1917, che fu una delle rivoluzioni più civili e meno violente della storia mondiale, ma trova la sua radice nella terribile guerra civile che in Europa si svolse fra il 1918 ed il 1921, ed in Asia centrale andò avanti almeno fino al 1926" [16].

Costanzo Preve ha analizzato il pensiero teorico di Lenin individuando deviazioni, rimozioni e contraddizioni.
Lenin si è sempre dichiarato "materialista", infatti nei suoi scritti emerge la convinzione che le leggi della storia siano oggettive, pertanto la storia specularmente alla natura ha le sue leggi a cui l'umanità deve adattarsi. La "materia", cioè la

---

16 Costanzo Preve, *Storia critica del marxismo*, La Città del sole, Napoli 2007, pag. 181

realtà, esisteva in sé per Lenin, pertanto egli cadeva in forme di "realismo filosofico". L'essere umano doveva riconoscere l'esistenza della materia-storia, la quale con le sue leggi diventava una nuova religione mondana con i suoi comandamenti immanenti. Lenin non riconosceva il "valore metaforico" del concetto di "materia" in Marx. Il filosofo di Treviri utilizzava il termine "materia" per significare la preminenza della struttura sulla sovrastruttura, la prassi, l'ateismo, il monitoraggio epistemologico e l'aleatorietà della storia:

> "In terzo luogo, per finire, Lenin aveva a mio avviso nei confronti dell'eredità hegeliana di Marx, da lui pure ricordata esplicitamente, un atteggiamento del tutto schizofrenico. Da un lato si proclamava un "materialista" rigoroso e conseguente, poco consapevole del fatto che la famosa "materia", lungi dall'avere qualcosa a che fare con la "materia" studiata legittimamente dalle scienze naturali moderne (astronomia, fisica, chimica, geologia, biologia, eccetera), era solo una metafora filosofico-ideologica per connotare due "ismi" che con la materia in sé non c'entravano niente, e cioè l'ateismo (Dio non esiste, se lo sono inventato le classi dominanti sfruttando la paura degli ignoranti) e lo strutturalismo (in un modo di produzione come il capitalismo esistono sia la

struttura che la sovrastruttura, ma la struttura è primaria, dominante e decisiva)"[17].

Le contraddizioni di Lenin

Costanzo Preve individua nel rivoluzionario e pensatore russo un atteggiamento definito "schizofrenico", si proclama materialista, ma nel contempo elogia la dialettica. Non si può avere una relazione dialettica con la materia, la dialettica presuppone la prassi e la relazione tra soggettività, per cui l'elogio della dialettica è una implicita ammissione del valore metaforico della materia in Marx. L'idea si dialettizza in quanto è posta dal soggetto che la valuta, con essa si significa la realtà storica e si pongono le condizioni per il progetto politico. Le circostanze storiche devono essere pensate da soggettività autocoscienti e dialogiche per essere trasformate in possibilità trasformative reali.

L'essere umano non è mai il riflesso di circostanze storiche, perché le pensa. Lenin era un borghese come Marx, ma si schierò con gli ultimi, ciò prova il valore intenzionale della coscienza che dilegua il determinismo materialista.

La dialettica filosofica è solo degli esseri umani che mediano la realtà con le idee, senza la soggettività umana storica non può esservi dialettica e prassi. La materia può avere solo una parvenza di dialettica nella sua evoluzione impersonale e meccanica di stampo darwiniano, mentre la storia umana

---

17 Costanzo Preve, *Il marxismo e la tradizione culturale europea*, Petite Plaisance, Pistoia 2021, pag. 45

necessita di coscienze consapevoli e responsabili, affinché la Rivoluzione possa concretizzarsi:

> "Dall'altro lato, però, le persone intelligenti (e Lenin indubbiamente lo era) trovano spesso in se stesse antidoti e rimedi contro la propria idiozia, e allora se si seguono i suoi Quaderni filosofici, dedicati in larga parte alla dialettica di Hegel, ci si accorge che le sue frettolose tesi sulla filosofia idealistica come "pretismo per colti" vengono rovesciate di 180 gradi. Lenin fa grandi elogi alla dialettica, sia pure senza rendersi assolutamente conto che la dialettica è sempre e per sua natura "idealistica" perché solo l'idea può "dialettizzarsi", mentre la materia ovviamente non può farlo, a meno che per "dialettica della materia" non si intenda un processo anonimo ed impersonale di evoluzione in senso darwiniano, in cui le dinamiche di trasformazione endogena degli organismi vengono ribattezzate "contraddizioni""[18].

Il materialismo positivistico è stato il brodo primordiale, in cui Lenin si è formato, pertanto pregiudizi e limiti del positivismo affiorano inevitabilmente nelle sue opere. La religione è oggetto di un giudizio riduzionista. Essa è considerata solo come *instrumentum regni*, ovvero è "solo il mezzo" con cui le classi dirigenti illudono e ingannano i

---

18 Ibidem pag. 46

subalterni. Con essa le oligarchie legittimano il loro potere e lo conservano, infatti la giustizia è rimandata nella trascendenza. Lenin rimuove dalla sua analisi il comunismo praticato dalle prime comunità cristiane e il giudizio critico su proprietà e crematistica presente nella Bibbia:

> "Certo, Lenin, conosceva perfettamente gli ampi studi di Engels e di Kautsky sul cristianesimo primitivo, dal momento che l'analogia fra il primo cristianesimo "comunitario" e antistatuale ed il primo socialismo altrettanto "comunitario" e altrettanto "antistatuale" non poteva che saltare agli occhi di tutti. E nello stesso tempo in un'ottica positivistica, non importa se riverniciata di rosso e se integrata con spezzoni della dialettica della natura di Hegel strappati dal contesto, la religione restava un "residuo" prescientifico basato sulla superstizione degli ignoranti sfruttata dalle classi dominanti per legittimare il loro dominio"[19].

Il giudizio di Lenin era dunque influenzato dalla condizione storica della Russia zarista, nella quale la Chiesa ortodossa era complice solerte dell'autocrazia e del capitalismo. La religione riemerge nell'organizzazione del partito comunista, che riproduce la struttura degli ordini religiosi. Lenin si ispira ad essi, in quanto per sconfiggere la pervasività bellicosa del capitalismo è necessaria la "fede

---

19 Ibidem pag. 44

ferrea" nel partito gerarchizzato e nella causa comunista. A circostanze storiche avverse ed estreme non si possono che individuare soluzioni efficienti e rispondenti al contesto storico.

L'organizzazione religiosa è ripensata e risemantizzata per organizzare il partito comunista, il cui scopo è una lunga lotta contro i capitalisti. La struttura del partito similare ad un ordine religioso sarebbe stato inconcepibile nell'Europa illuminista, ma in Russia dove vige una società non ancora laicizzata ciò è possibile. Lenin si dimostra politico duttile e dialettico, che sa affinare le armi per la lotta a misura del contesto storico:

> "In primo luogo, il partito di tipo comunista alla Lenin era strutturato come un esercito diretto da un ordine religioso. Di per sé, nulla di più estraneo alla tradizione europea sia illuministica che poi positivistica, ma anche nulla di più affine alle lontane radici messianiche e religiose presenti non solo nelle tradizioni cristiane, ebraiche e cinesi, ma anche (sia pure in misura minore) nelle tradizioni indiane e cinesi (...). Inoltre l'esercito diretto da un ordine religioso (una religione ateistica della necessità storica, ovviamente, ma pur sempre una religione) era la forma darwinianamente più adatta per

organizzare una resistenza vittoriosa di lunga durata contro le potenze coloniali"[20].

L'Einstein del materialismo storico

Lenin fu un eretico del marxismo, malgrado negli scritti appaia come un engelsiano di ferro. Fu Engels a sistematizzare il pensiero di Marx nella formula del "marxismo". Lenin, invece, curvò il marxismo alla realtà sociale ed economica della Russia. Decentrò il comunismo nello spazio e nel tempo. Il comunismo di Marx è sostanzialmente eurocentrico, benché vi siano passaggi, in cui ipotizza la transizione dal capitalismo al comunismo secondo una modalità adeguata alla condizione peculiare russa, si pensi alla lettera del 1877 alla redazione dell'*Otecestvennye Zapiskie* e alla lettera del 1881 a Vera Zasulic. Costanzo Preve paragona Lenin ad Einstein, in quanto relativizzò lo spazio e il tempo assoluto della globalizzazione capitalistica:

> "Se infatti Marx era stato il Newton del materialismo storico, perché aveva collocato la Classe Operaia, Salariata e Proletaria nello Spazio Assoluto della globalizzazione capitalistica mondiale e nel Tempo Assoluto del progresso storico, o più esattamente della formazione di un lavoratore collettivo

---

20 Ibidem pag. 190

cooperativo alleato con le potenze mentali vocate dalla stessa produzione capitalistica, e connotata con il termine inglese di *general intellect*, Lenin ne fu lo Einstein, perché relativizzò questo spazio e questo tempo ad un terzo fattore, la coscienza rivoluzionaria concentrata in una organizzazione separata e disciplinata di rivoluzionari vocazionali di scelta e di professione"[21].

Il modello leninista non è esportabile, ogni rivoluzione dunque deve confrontarsi con le condizioni storiche specifiche in cui agisce. Non vi sono protocolli applicativi da adottare e somministrare. La Rivoluzione è dialettica, essa deve implicare la coscienza e le condizioni di possibilità in cui agisce. La prassi dunque è valutazione e adattamento dei mezzi ai contesti storici:

> "Il modello economico-politico-culturale di comunismo che è sorto dopo il 1917, nonostante le pretese universalistiche soggettivamente sincere (in Lenin), si è quasi subito mostrato non esportabile nelle società "avanzate" europee"[22].

La rivoluzione russa fu solo russa, benché all'epoca fosse percepita come un movimento rivoluzionario universale, non

---

[21] Ibidem pag. 131
[22] bidem pag. 174

a caso il biennio rosso in Europa fallì, erano differenti le condizioni storiche e la composizione sociale rispetto alla Russia:

> "La rivoluzione russa del 1917 fu totalmente e quasi provocatoriamente russa e solo russa. Non possiamo stupirci, e nemmeno indignarci retrospettivamente,, che coloro che la misero in atto la pensassero come inizio di una gigantesca "rivoluzione mondiale", la più grande ed universale che l'umanità avesse mai conosciuto"[23].

A dimostrazione della sua tesi Costanzo Preve evidenzia che il partito leninista è alleanza della classe operaia e contadina con gli intellettuali. Il proletariato, classe universale ed emancipatrice nel marxismo, cedeva il passo alla Russia agricola, il cui problema sociale principale era la "riforma agraria". La vera classe rivoluzionaria in Russia era la classe contadina, la quale era in uno stato di "sommovimento perpetuo" e si connotava per il suo "comunitarismo rurale", pertanto la Rivoluzione leninista è stata russa e non era esportabile:

> "Il partito leninista era stato concepito non certo per "rappresentare" semplicemente la classe salariata, operaia e proletaria (questa era la concezione

---

23 bidem pag. 182

originaria della socialdemocrazia tedesca fra il 1875 ed il 1895, che aveva originato il cosiddetto "marxismo"), ma per organizzare politicamente l'alleanza fra tre distinte classi, quella contadina, quella operaia e quella degli "intellettuali" (categoria generica che andava dall'impiegato postale al pittore astrattista). Ora, la categoria dei contadini in Russia era caratterizzata dal sommovimento rivoluzionario permanente in direzione di una riforma agraria radicale fondata sulla ripartizione egualitaria delle terre, la categoria degli operai in Russia era caratterizzata da una cultura comunitaria dovuta alla sua uscita recentissima dalla situazione contadina precedente, ed in quanto alla categoria degli intellettuali essa aveva alle spalle almeno un secolo di costante opposizione all'assolutismo zarista. Erano queste le condizioni delle tre classi appena indicate nell'Europa Occidentale dopo il 1917? No certamente. E questo "no" spiega allora il carattere non esportabile della nuova religione russa"[24].

Oltre l'eurocentrismo

Lenin dunque ha rigenerato la Rivoluzione e ha ripensato i paradigmi teorici del comunismo rimodellandoli sulla realtà russa. L'Einstein del comunismo, come Costanzo Preve

---

24 Ibidem pag. 184

definì Lenin, ha denunciato la condizione dei popoli orientali. Per la prima volta i popoli orientali trovarono in Lenin il loro portavoce, fino ad allora erano stati afoni e fruitori passivi della politica rivoluzionaria occidentale. Lenin dà voce ai russi e alle violenze che i popoli orientali e colonizzati hanno subito per secoli. Allora come oggi la stampa è schierata unicamente con i poteri forti e ritiene che gli unici interessi da difendere siano i "calcoli occidentali". Per gran parte dei media occidentali i morti non sono tutti eguali: un bianco occidentale vale sempre di più di un "non bianco" di un paese non occidentale. La realtà non è cambiata, ancora oggi le vittime non sono eguali. Lenin in un discorso del 27 ottobre 1914 a Zurigo intitolato: «La guerra e la socialdemocrazia» ha smascherato l'implicito razzismo europeo, in lui è l'Oriente che per la prima volta passa all'azione:

> "Durante questa guerra la stampa borghese solleva un grande schiamazzo a proposito dell'annientamento del Belgio. Ma non dice una parola sulla rovina della splendida Ucraina, come se il sangue dei contadini ucraini fosse meno rosso di quello del borghese belga. Per quanto riguarda la stampa borghese, la cosa è facile da spiegarsi. Laggiù, in Belgio, la rovina colpisce la ricchezza dei grandi capitalisti, dei quali quella stessa stampa è al servizio, mentre in Galizia si realizzano i vecchi sogni del governo russo. Qui sono

dei nemici del progresso, come il conte Bobrinskij, ad estirpare la cultura del popolo ucraino che aveva trovato protezione nello Stato austro-ungarico contro i signori «panslavisti». Da noi si farnetica molto sulla lotta contro l'Austria-Ungheria per la «liberazione» degli Slavi; ma io invito questi signori a rispondere alla seguente domanda: Dove, nel mondo intero, gli Slavi godono della stessa libertà di sviluppo culturale che hanno nell'Austria-Ungheria – e dove sono invece privati, come ad esempio gli ucraini, di tutti i loro diritti nazionali, e finanche del diritto di essere educati nella loro madrelingua, se non nella «Russia slava»? Se si vuol parlare di Stato slavo, l'Austria-Ungheria lo è, ma nient'affatto la Russia. [Gli interessi del proletariato russo non permettono in nessun caso di rivendicare una vittoria della Russia in questa guerra.]"[25].

Lenin nel nostro tempo è uno sconosciuto o peggio ancora sul rivoluzionario pesano pregiudizi che neutralizzano un giudizio equilibrato e oggettivo. Il centenario è occasione per liberarsi dalle incrostazioni ideologiche che hanno deturpato la ricezione critica del pensiero e delle decisioni politiche di Lenin. Come la statua di Glauco di Jean Jacques Rousseau nel *Discorso sull'origine e i fondamenti della disuguaglianza* persa e sfigurata negli abissi, l'immagine di Lenin è deturpata da

---

25 Lenin, «La guerra e la socialdemocrazia», discorso del 27 ottobre 1914

decenni di "libro nero del comunismo". In questo centenario dovremmo favorire la conoscenza di Lenin per liberarlo dalle incrostazioni della sovrastruttura liberista che occultano e deformano i "grandi" che hanno osato sfidare il capitalismo e lo hanno vinto.

Parte seconda: Documenti

Capo / di Antonio Gramsci

L'Ordine Nuovo, 01/03/1924[26]

Ogni Stato è una dittatura. Ogni Stato non può non avere un governo, costituito da un ristretto numero di uomini, che a loro volta si organizzano attorno a uno dotato di maggiore capacità e di maggiore chiaroveggenza. Finché sarà necessario uno Stato, finché sarà storicamente necessario governare gli uomini, qualunque sia la classe dominante, si porrà il problema di avere dei capi, di avere un «capo».
Che dei socialisti, i quali dicono ancora di essere marxisti e rivoluzionari, dicano poi di volere la dittatura del proletariato, ma di non volere la dittatura dei «capi», di non volere che il comando si individui, si personalizzi, che si dica, cioè, di volere la dittatura, ma di non volerla nella sola forma in cui è storicamente possibile, rivela solo tutto un indirizzo politico, tutta una preparazione teorica «rivoluzionaria».
Nella quistione della dittatura proletaria il problema essenziale non è quello della personificazione fisica della funzione di comando. Il problema essenziale consiste nella natura dei rapporti che i capi o il capo hanno col partito della classe operaia, nei rapporti che esistono tra questo partito e

---

26 *L'Ordine Nuovo*, 1° marzo 1924. Non firmato.

la classe operaia: sono essi puramente gerarchici, di tipo militare, o sono di carattere storico e organico?

Il capo, il partito sono elementi della classe operaia, sono una parte della classe operaia, ne rappresentano gli interessi e le aspirazioni più profonde e vitali, o ne sono una escrescenza, o sono una semplice sovrapposizione violenta? Come questo partito si è formato, come si è sviluppato, per quale processo è avvenuta la selezione degli uomini che lo dirigono? Perché è diventato il partito della classe operaia? È ciò avvenuto per caso?

Il problema diventa quello di tutto lo sviluppo storico della classe operaia, che lentamente si costituisce nella lotta contro la borghesia, registra qualche vittoria e subisce molte disfatte; e non solo della classe operaia di un singolo paese, ma di tutta la classe operaia mondiale, con le sue differenziazioni superficiali eppure tanto importanti in ogni momento separato, e con la sua sostanziale unità e omogeneità.

Il problema diventa quello della vitalità del marxismo, del suo essere o non essere la interpretazione più sicura e profonda della natura e della storia, della possibilità che esso all'intuizione geniale dell'uomo politico dia anche un metodo infallibile, uno strumento di estrema precisione per esplorare il futuro, per prevedere gli avvenimenti di massa, per dirigerli e quindi padroneggiarli.

Il proletariato internazionale ha avuto ed ha tuttora un vivente esempio di un partito rivoluzionario che esercita la dittatura della classe; ha avuto e non ha più, malauguratamente, l'esempio vivente più caratteristico ed espressivo di chi sia un capo rivoluzionario, il compagno Lenin.

Il compagno Lenin è stato l'iniziatore di un nuovo processo di sviluppo della storia, ma lo è stato perché egli era anche l'esponente e l'ultimo più individualizzato momento di tutto un processo di sviluppo della storia passata, non solo della Russia, ma del mondo intiero. Era egli divenuto per caso il capo del partito bolscevico? Per caso il partito bolscevico è diventato il partito dirigente del proletariato russo e quindi della nazione russa?

La selezione è durata trent'anni, è stata faticosissima, ha spesso assunto le forme apparentemente più strane e più assurde. Essa è avvenuta, nel campo internazionale, al contatto delle più avanzate civiltà capitalistiche dell'Europa centrale e occidentale, nella lotta dei partiti e delle frazioni che costituivano la II Internazionale prima della guerra.

Essa è continuata nel seno della minoranza del socialismo internazionale, rimasta almeno parzialmente immune dal contagio socialpatriottico. Ha ripreso in Russia nella lotta per avere la maggioranza del proletariato, nella lotta per comprendere e interpretare i bisogni e le aspirazioni di una classe contadina innumerevole, dispersa su un immenso territorio. Continua tuttora, ogni giorno, perché ogni giorno bisogna comprendere, prevedere, provvedere.

Questa selezione è stata una lotta di frazioni, di piccoli gruppi, è stata lotta individuale, ha voluto dire scissioni e unificazioni, arresti, esilio, prigione, attentati: è stata resistenza contro lo scoraggiamento e contro l'orgoglio, ha voluto dire soffrire la fame avendo a disposizione dei milioni d'oro, ha voluto dire conservare lo spirito di un semplice operaio sul trono degli zar, non disperare anche se tutto sembrava perduto, ma ricominciare, con pazienza, con tenacia, mantenendo tutto il sangue freddo e il sorriso sulle labbra quando gli altri perdevano la testa.

Il Partito comunista russo, col suo capo Lenin, si era talmente legato a tutto lo sviluppo del suo proletariato russo, a tutto lo sviluppo, quindi, dell'intera nazione russa, che non è possibile neppure immaginare l'uno senza l'altro, il proletariato classe dominante senza che il partito comunista sia il partito del governo e quindi senza che il Comitato centrale del partito sia l'ispiratore della politica del governo; senza che Lenin fosse il capo dello Stato. Lo stesso atteggiamento della grande maggioranza dei borghesi russi che dicevano: - una repubblica con a capo Lenin senza il partito comunista sarebbe anche il nostro ideale - aveva un grande significato storico.

Era la prova che il proletariato esercitava non solo più un dominio fisico, ma dominava anche spiritualmente. In fondo, confusamente, anche il borghese russo comprendeva che Lenin non sarebbe potuto diventare e non avrebbe potuto rimanere capo dello Stato senza il dominio del proletariato, senza che il partito comunista fosse il partito del governo: la sua coscienza di classe gli impediva ancora di riconoscere oltre alla sua sconfitta fisica, immediata, anche la sua sconfitta ideologica e storica; ma già il dubbio era in lui, e questo dubbio si esprimeva in quella frase.

Un'altra quistione si presenta. È possibile, oggi, nel periodo della rivoluzione mondiale, che esistano «capi» fuori della classe operaia, che esistano capi non-marxisti, i quali non siano legati strettamente alla classe che incarna lo sviluppo progressivo di tutto il genere umano?

Abbiamo in Italia il regime fascista, abbiamo a capo del fascismo Benito Mussolini, abbiamo una ideologia ufficiale in cui il «capo» è divinizzato, è dichiarato infallibile, è preconizzato organizzatore e ispiratore di un rinato sacro romano impero. Vediamo stampato nei giornali, ogni giorno, diecine e centinaia di telegrammi di omaggio delle vaste tribù locali al «capo». Vediamo le fotografie: la maschera più indurita di un viso che già abbiamo visto nei comizi socialisti.

Conosciamo quel viso: conosciamo quel roteare degli occhi nelle orbite che nel passato dovevano, con la loro feroce meccanica, far venire i vermi alla borghesia e oggi al proletariato. Conosciamo quel pugno sempre chiuso alla minaccia. Conosciamo tutto questo meccanismo, tutto questo armamentario e non comprendiamo che esso possa impressionare e muovere i precordi alla gioventù delle scuole borghesi; esso è veramente impressionante anche visto da vicino e fa stupire.

Ma «capo»? Abbiamo visto la settimana rossa del giugno 1914. Più di tre milioni di lavoratori erano in piazza, scesi all'appello di Benito Mussolini, che da un anno circa, dall'eccidio di Roccagorga, li aveva preparati alla grande giornata, con tutti i mezzi tribunizii e giornalistici a disposizione del «capo» del partito socialista di allora, di Benito Mussolini: dalla vignetta di Scalarini al grande processo alle Assisi di Milano.

Tre milioni di lavoratori erano scesi in piazza: mancò il «capo», che era Benito Mussolini. Mancò come «capo», non come individuo, perché raccontano che egli come individuo fosse coraggioso e a Milano sfidasse i cordoni e i moschetti dei carabinieri. Mancò come «capo», perché non era tale, perché, a sua stessa confessione, nel seno della direzione del partito socialista, non riusciva neanche ad avere ragione dei miserabili intrighi di Arturo Vella o di Angelica Balabanoff.

Egli era allora, come oggi, il tipo concentrato del piccolo borghese italiano, rabbioso, feroce impasto di tutti i detriti lasciati sul suolo nazionale dai vari secoli di dominazione degli stranieri e dei preti: non poteva essere il capo del proletariato; divenne il dittatore della borghesia, che ama le facce feroci quando ridiventa borbonica, che spera di vedere nella classe operaia lo stesso terrore che essa sentiva per quel roteare degli occhi e quel pugno chiuso teso alla minaccia.

La dittatura del proletariato è espansiva, non repressiva. Un continuo movimento si verifica dal basso in alto, un continuo ricambio attraverso tutte le capillarità sociali, una continua circolazione di uomini. Il capo che oggi piangiamo ha trovato una società in decomposizione, un pulviscolo umano, senza ordine e disciplina, perché in cinque anni di guerra si era essiccata la produzione, sorgente di ogni vita sociale. Tutto è stato riordinato e ricostruito, dalla fabbrica al governo, coi mezzi, sotto la direzione e il controllo del proletariato, di una classe nuova, cioè al governo e alla storia.
Benito Mussolini ha conquistato il governo e lo mantiene con la repressione più violenta e arbitraria. Egli non ha dovuto organizzare una classe, ma solo il personale d'ordine di una amministrazione. Ha smontato qualche congegno dello Stato, più per vedere com'era fatto e impratichirsi del mestiere che per una necessità originaria. La sua dottrina è tutta nella maschera fisica, nel roteare degli occhi entro l'orbite, nel pugno chiuso sempre teso alla minaccia...
Roma non è nuova a questi scenari polverosi. Ha visto Romolo, ha visto Cesare Augusto e ha visto, al suo tramonto, Romolo Augustolo.

Testamento di Lenin

La *Lettera al Congresso*, conosciuta sotto il nome di "Testamento" fu dettata da Lenin dal 23 al 26 dicembre 1922 e il "supplemento alla lettera del 24 dicembre 1922" il 4 gennaio 1923.

Al pari delle lettere pubblicate più oltre, *Sull'attribuzione di funzioni legislative al Gosplan* e *Sulla questione delle nazionalità o dell'autonomizzazione*, questa lettera ha, come gli ultimi scritti di Lenin *Pagine di diario*, *Sulla cooperazione*, *Sulla nostra rivoluzione (A proposito delle note di N. Sukhanov)*, *Come riorganizzare l'ispezione operaia e contadina?* (Proposta al XII Congresso del partito), *Meglio meno, ma meglio*, che egli dettò nel gennaio-febbraio 1923 e che furono pubblicati dalla *Pravda*, un'importanza di principio. Lenin riteneva indispensabile che dopo la sua morte la lettera fosse portata a conoscenza dell'imminente congresso del partito.

Ne fu data lettura ai delegati del XIII Congresso che si tenne dal 23 al 31 maggio 1924. Il congresso decise all'unanimità di non pubblicarla, considerando che, essendo rivolta al congresso, non ne era stata prevista la pubblicazione sulla stampa.

Per decisione del CC del PCUS, queste lettere di Lenin furono portate a conoscenza dei delegati del XX Congresso del PCUS e poi delle organizzazioni del partito. Nel 1956

furono pubblicate nel *Kommunist* n. 9 e poi raccolte in un opuscolo di grande tiratura.

Consiglierei vivamente di intraprendere a questo congresso una serie di mutamenti nella nostra struttura politica.

Vorrei sottoporvi le considerazioni che ritengo più importanti.

In primo luogo propongo di elevare il numero dei membri del CC portandolo ad alcune decine o anche a un centinaio. Penso che, se non intraprendessimo una tale riforma, grandi pericoli minaccerebbero il nostro CC nel caso in cui il corso degli avvenimenti non ci fosse del tutto favorevole (cosa di cui non possiamo non tener conto).

Penso poi di sottoporre all'attenzione del congresso la proposta di dare, a certe condizioni, un carattere legislativo alle decisioni dei Gosplan, andando così incontro, fino a un certo punto e a certe condizioni, al compagno Trotski. Per quel che riguarda il primo punto, cioè l'aumento del numero dei membri del CC, penso che ciò sia necessario e per elevare l'autorità del CC, e per lavorare seriamente al miglioramento del nostro apparato, e per evitare che conflitti di piccoli gruppi del CC possano avere una importanza troppo sproporzionata per le sorti di tutto il partito.

Io penso che il nostro partito abbia il diritto di esigere dalla classe operaia 50-100 membri del CC e che possa ottenerli senza un eccessivo sforzo da parte di essa.

Una tale riforma aumenterebbe notevolmente la solidità del nostro partito e faciliterebbe la lotta che esso deve condurre in mezzo a Stati nemici e che, a mio parere, potrà e dovrà acuirsi fortemente nei prossimi anni. Io penso che la stabilità del nostro partito guadagnerebbe enormemente da un tale provvedimento.

Per stabilità del Comitato centrale, di cui ho parlato sopra, intendo provvedimenti contro la scissione, nella misura in cui tali provvedimenti possano in generale essere presi. Perché, certo, la guardia bianca della Russkaia Mysl (mi pare fosse S. F. Oldenburg) [27] aveva ragione quando, in primo luogo, faceva assegnamento, per quanto riguarda il loro gioco contro la Russia sovietica, sulla scissione del nostro partito, e quando, in secondo luogo, faceva assegnamento, per l'avverarsi di questa scissione, sui gravissimi dissensi nel partito.

Il nostro partito si fonda su due classi, e sarebbe perciò possibile la sua instabilità, e inevitabile il suo crollo, se tra queste due classi non potesse sussistere un'intesa. In questo caso sarebbe inutile prendere questi o quei provvedimenti e in generale discutere sulla stabilità del nostro CC. Non ci sono provvedimenti, in questo caso, capaci di evitare la scissione. Ma spero che questo sia un avvenimento di un

---

27 L'osservatore politico della rivista dell'emigrazione bianca *Russkaia Mysl*, diretta da Piotr Struve, pubblicata nel 1922 a Praga, non era S. F. Oldenburg (come è indicato nella lettera), ma S. S. Oldenburg. S. F. Oldenburg, famoso orientalista russo, era nel 1922 segretario perpetuo dell'Accademia delle scienze.

futuro troppo lontano e troppo inverosimile perché se ne debba parlare.

Intendo stabilità come garanzia contro la scissione nel prossimo avvenire, e ho l'intenzione di esporre qui una serie di considerazioni di natura puramente personale.

Io penso che, da questo punto di vista, fondamentali per la questione della stabilità siano certi membri del CC come Stalin e Trotski.

I rapporti tra loro, secondo me, rappresentano una buona metà del pericolo di quella scissione, che potrebbe essere evitata e ad evitare la quale, a mio parere, dovrebbe servire, tra l'altro, l'aumento del numero dei membri del CC a 50 o a 100 persone.

Il compagno Stalin, divenuto segretario generale, ha concentrato nelle sue mani un immenso potere, e io non sono sicuro che egli sappia servirsene sempre con sufficiente prudenza. D'altro canto, il compagno Trotski come ha già dimostrato la sua lotta contro il CC nella questione del commissariato del popolo per i trasporti, si distingue non solo per le sue eminenti capacità. Personalmente egli è forse il più capace tra i membri dell'attuale CC, ma ha anche una eccessiva sicurezza di sé e una tendenza eccessiva a considerare il lato puramente amministrativo dei problemi.

Queste due qualità dei due capi più eminenti dell'attuale CC possono eventualmente portare alla scissione, e se il nostro partito non prenderà misure per impedirlo, la scissione può avvenire improvvisamente.

Non continuerò a caratterizzare gli altri membri del CC secondo le loro qualità personali. Ricordo soltanto che l'episodio di cui sono stati protagonisti nell'ottobre Zinoviev e Kamenev[28] non fu certamente casuale, ma che d'altra parte non glielo si può ascrivere personalmente a colpa, così come il non bolscevismo a Trotski.

Dei giovani membri del CC, voglio dire qualche parola su Bukharin e Piatakov. Sono queste, secondo me, le forze più eminenti (tra quelle più giovani), e riguardo a loro bisogna tener presente quanto segue: Bukharin non è soltanto un validissimo e importantissimo teorico del partito, ma è considerato anche, giustamente, il prediletto di tutto il partito, ma le sue concezioni teoriche solo con grandissima perplessità possono essere considerate pienamente marxiste, poiché in lui vi è qualcosa di scolastico (egli non ha mai appreso e, penso, mai compreso pienamente la dialettica). Ed ora Piatakov: è un uomo indubbiamente di grandissima

---

28 Zinoviev e Kamenev nelle riunioni di CC del 10 (23) e del 16 (29) ottobre 1917 avevano preso posizione e votato contro la risoluzione di Lenin sulla preparazione immediata dell'insurrezione armata. Essendosi trovati, nelle due riunioni del CC, di fronte a una decisa opposizione, Kamenev e Zinoviev il 18 ottobre pubblicarono sul giornale menscevico *Novaia Gizn* una dichiarazione in cui rivelavano che i bolscevichi stavano preparando l'insurrezione e affermavano di considerarla un'avventura. In tal modo essi avevano tradito un segreto essenziale del partito, cioè la decisione di organizzare l'insurrezione entro breve termine. Nello stesso giorno Lenin condannava duramente questo atto nella *Lettera ai membri del partito bolscevico*.

volontà e di grandissime capacità, ma troppo attratto dal metodo amministrativo e dall'aspetto amministrativo dei problemi perché si possa contare su di lui per una seria questione politica.

Naturalmente, sia questa che quella osservazione sono fatte solo per il momento, nel presupposto che ambedue questi eminenti e devoti militanti trovino l'occasione di completare le proprie conoscenze e di eliminare la propria unilateralità.

Aggiunta alla lettera del 24 dicembre 1922
Stalin è troppo grossolano, e questo difetto, del tutto tollerabile nell'ambiente e nei rapporti tra noi comunisti, diventa intollerabile nella funzione di segretario generale. Perciò propongo ai compagni di pensare alla maniera di togliere Stalin da questo incarico e di designare a questo posto un altro uomo che, a parte tutti gli altri aspetti, si distingua dal compagno Stalin solo per una migliore qualità, quella cioè di essere più tollerante, più leale, più cortese e più riguardoso verso i compagni, meno capriccioso, ecc. Questa circostanza può apparire una piccolezza insignificante. Ma io penso che, dal punto di vista dell'impedimento di una scissione e di quanto ho scritto sopra sui rapporti tra Stalin e Trotski, non è una piccolezza, ovvero è una piccolezza che può avere un'importanza decisiva.

Lenin 4 gennaio 1923

Continuazione degli appunti

26 dicembre 1922

L'aumento del numero dei membri del CC a 50 o anche a 100 persone deve servire, secondo me, a un duplice, o, anzi, a un triplice scopo: quanto più saranno i membri del CC, tanto più saranno quelli che impareranno a lavorare nel CC e tanto minore sarà il pericolo di una scissione derivante da una qualsiasi imprudenza. La partecipazione di molti operai al CC aiuterà gli operai a migliorare il nostro apparato, che è piuttosto cattivo. Esso, in sostanza, c'è stato tramandato dal vecchio regime, poiché trasformarlo in così breve tempo, soprattutto con la guerra, la fame, ecc., era assolutamente impossibile. Perciò a quei "critici" che, con un sorrisetto o con cattiveria, ci fanno notare i difetti del nostro apparato, si può tranquillamente rispondere che essi assolutamente non comprendono le condizioni della rivoluzione contemporanea. Non si può assolutamente trasformare a sufficienza un apparato in cinque anni, soprattutto nelle condizioni in cui è avvenuta da noi la rivoluzione. È già abbastanza che in cinque anni abbiamo creato un nuovo tipo di Stato in cui gli operai marciano alla testa dei contadini contro la borghesia; e ciò, con una situazione internazionale avversa, rappresenta di per sé un fatto enorme. Ma la coscienza di questo non ci deve assolutamente far chiudere gli occhi sul fatto che noi abbiamo ereditato, in sostanza, il vecchio apparato dello zar e della borghesia, e che ora, sopravvenuta la pace e assicurato il minimo necessario contro la fame, tutto il lavoro dev'essere diretto al suo miglioramento.

La mia idea è che alcune decine di operai, entrando a far parte del CC, possono accingersi meglio di qualsiasi altro alla verifica, al miglioramento e al rinnovamento del nostro apparato. L'Ispezione operaia e contadina, cui prima spettava questa funzione, si è rivelata incapace di adempierla e può essere utilizzata solo come "appendice" o come aiuto, in determinate condizioni, a questi membri del CC. Gli operai che entrano a far parte del CC debbono essere, a mio parere, in modo prevalente non di quegli operai che hanno compiuto un lungo servizio nelle organizzazioni dei soviet (dicendo operai, in questa parte della mia lettera intendo sempre anche i contadini), poiché in questi operai si sono già create certe tradizioni e certi pregiudizi contro i quali appunto noi vogliamo lottare.

Gli operai che devono entrare nel CC debbono essere in prevalenza operai che stiano più in basso di quello strato che è entrato a far parte da noi, in questi cinque anni, della schiera degli impiegati sovietici, e che appartengano piuttosto al numero degli operai e dei contadini di base, che tuttavia non rientrino direttamente o indirettamente nella categoria degli sfruttatori. Io penso che tali operai, assistendo a tutte le sedute del CC, a tutte le sedute dell'Ufficio politico, leggendo tutti i documenti del CC, possano costituire un nucleo di devoti partigiani del regime sovietico, capaci, in primo luogo, di dare stabilità allo stesso

CC e, in secondo luogo, capaci di lavorare effettivamente al rinnovamento e al miglioramento dell'apparato. Aumentando il numero dei membri del CC, ci si deve, a mio parere, preoccupare anche e, forse, soprattutto, di controllare e migliorare il nostro apparato, che non va affatto. A questo scopo dobbiamo utilizzare l'opera di specialisti altamente qualificati, e la ricerca di questi specialisti deve essere compito della Ispezione operaia e contadina.

Come combinare questi specialisti-controllori, - dotati delle necessarie conoscenze - e questi nuovi membri del CC? È questo un problema che deve essere risolto praticamente.

A me pare che l'Ispezione operaia e contadina (per effetto del suo sviluppo nonché delle nostre perplessità a proposito del suo sviluppo) ha dato in ultima analisi ciò che ora osserviamo, e cioè uno stato di transizione da un particolare commissariato del popolo a una particolare funzione dei membri del CC; da una istituzione che revisiona tutto e tutti, a un insieme di revisori non numerosi, ma di prim'ordine, che debbono essere ben pagati (questo è soprattutto necessario nella nostra epoca, in cui tutto va pagato, e dato che i revisori si pongono direttamente al servizio di quelle istituzioni che meglio li pagano).

Se il numero dei membri del CC sarà opportunamente aumentato e se essi svolgeranno di anno in anno un corso di amministrazione statale con l'aiuto di tali specialisti altamente qualificati e di membri della Ispezione operaia e contadina dotati di grande autorità in tutti i settori, allora, io penso, adempiremo felicemente questo compito che per tanto tempo non siamo riusciti ad assolvere.

Insomma, fino a 100 membri del CC e non più di 400-500 loro collaboratori, membri dell'Ispezione operaia e contadina, che svolgano funzioni di revisione per loro incarico.

Gramsci e Lenin si incontrano

Proponiamo un passo del libro La storia di una famiglia rivoluzionaria. Antonio Gramsci e gli Schucht fra la Russia e l'Italia, *introduzione di Raul Mordenti, Editori Riuniti University press, 2014, il cui autore è Antonio Gramsci jr., nipote di Gramsci e figlio di Giuliano, secondogenito del comunista sardo. Nel passo si riferisce l'episodio dell'incontro fra Gramsci e Lenin.*

Nell'autunno del 1922 Lenin si era in parte ripreso dalla malattia che lo aveva colpito alcuni mesi prima e che lo avrebbe portato alla morte. Per un breve periodo egli tornò a lavorare al Cremlino. Lenin e Gramsci si incontrarono il 25 ottobre 1922 alle ore 18, in presenza del traduttore, L. G. Wacks. [Il resoconto del loro incontro è riferito nella Cronaca biografica di V. I. Lenin, Mosca, 1970-1972, vol. 12, p. 435] Nel protocollo pubblicato nel 1972 per la prima volta nelle Cronache biografiche di Lenin, sono elencate le questioni intorno alle quali discutevano i due politici, esse sono di grande importanza: la specificità del Sud d'Italia, la situazione nel Partito socialista italiano e la possibilità della fusione di esso con il Partito comunista.

Durante la stesura del volume delle Cronache di Lenin, nel 1972, mio padre [Giuliano Gramsci] ricevette l'incarico dall'Istituto del marxismo-leninismo di reperire, con l'aiuto dei comunisti italiani, altre testimonianze su questo incontro storico. L'unica lettera che Giuliano ricevette a questo riguardo fu quella di Camilla Ravera. Come riferisce la Ravera:

«... Gramsci mi disse di aver espresso a Lenin il suo profondo dissenso con Bordiga non soltanto sul problema dei rapporti con il Partito socialista, ma sul giudizio del fascismo, della situazione italiana, delle sue prospettive; e sulla politica del Partito, settaria, chiusa, e in definitiva inerte e inadeguata alle esigenze del momento. E mi disse dell'attenzione con cui Lenin lo aveva ascoltato: "Lenin - mi diceva Gramsci - conosce le cose nostre assai più di quanto supponiamo". E mi riferiva giudizi espressi da Lenin con assoluta precisione e grande verità su nostri compagni, su scritti di nostri compagni e di altri esponenti politici italiani. Con Gramsci, Lenin aveva in particolare parlato del Partito socialista, e della possibilità di una fusione tra il P.C. d'I. e il P.S.I. Lenin aveva giudicato il modo con cui si era conclusa la scissione di Livorno "un successo della reazione capitalista"; e non aveva mai rinunciato alla conquista di Serrati e dei socialisti sinceramente legati all'I[nternazionale] C(omunista]. Gramsci mi disse che aveva assicurato Lenin di condividere quei giudizi e di approvare la politica dell'Internazionale verso Serrati. [...] Gramsci aveva ripetuto a Lenin di non condividere le opinioni e posizioni di Bordiga; ma a Lenin aveva anche ricordato come nel Partito comunista costituitosi a Livorno, Bordiga rappresentasse la parte maggiore del P.S.I. confluita nel nuovo partito; e di Bordiga si fosse dovuta, perciò, accettare la direzione. Inoltre, nella creazione del P.C. d'I., Bordiga aveva rappresentato un contributo importante alla soluzione del principale problema del momento: la costruzione del partito, nella sua rete organizzativa, nei suoi strumenti di lavoro, nel suo costume rivoluzionario. Ciò aveva contribuito ad accrescere il prestigio di Bordiga. Un cambiamento di direzione politica richiedeva quindi un'opera di discussione, persuasione, formazione tra i compagni, a partire dai più qualificati: in modo da giungere alla costruzione di un nuovo gruppo dirigente, di una nuova direzione politica» [Dalla lettera di Camilla Ravera a Giuliano Gramsci del 20 dicembre 1972].

La stessa Ravera, nella sua lettera, avanzava l'ipotesi che, proprio a seguito di quell'incontro, Lenin avesse deciso di far trasferire Gramsci a Vienna, dove egli si recò nel dicembre 1923, perché si potesse preparare a sostituire Bordiga.

Ma perché la stessa Ravera non aveva descritto questo episodio nelle sue memorie pubblicate pochi anni prima? Perché è sfuggito a tutti i biografi di Gramsci, incluso un autore eminente come Giuseppe Fiori? E perché lo stesso Gramsci non ne fa mai menzione in nessuna lettera e in nessun articolo, nonostante tutta l'ammirazione per Lenin e i forti legami di amicizia della famiglia di Giulia Schucht con quella di Uljanov? Non è escluso che la causa di questo strano silenzio sia dovuta alla modestia e correttezza di mio nonno nei confronti di Amedeo Bordiga. Infatti Antonio Gramsci, nonostante le divergenze politiche, ebbe sempre una grande stima del vero fondatore del Partito comunista per non parlare della loro amicizia personale.

Lenin : Il rivoluzionario che giocava coi gatti / di Anatolij Lunacarskij

Quando conobbi Lenin più a fondo, scoprii una sua qualità che non appare subito: la sua stupefacente vitalità. Lo spirito di Lenin ribolle, scintilla di vita. Oggi, mentre scrivo queste righe, Lenin ha già cinquant'anni, eppure è ancora un uomo giovane, con un ritmo di vita giovanile.
Com'è contagiosa la sua risata, affascinante, spontanea come quella di un bambino! È cosi facile divertire Lenin! Lui si abbandona volentieri al riso, che è l'espressione del trionfo dell'uomo sulle avversità. Anche quando mi sono trovato con lui in momenti molto difficili, l'ho sempre visto sereno e pronto a scoppiare nella sua allegra risata abituale. Perfino la sua collera è stranamente affettuosa. Oggi la riprovazione di Lenin potrebbe distruggere dozzine, forse centinaia di persone: eppure egli modera sempre la sua irritazione esprimendola in modo quasi scherzoso. La sua collera è come un temporale, «che quasi per gioco, scherzando, tuoni in un cielo azzurro » (n.d.r. è un famoso verso di Tjutcev).
Ho osservato che spesso l'apparente concitazione, le parole irose, le frecciate d'ironia velenosa, in lui sono accompagnate da un guizzo d'allegria in fondo allo sguardo. Da un momento all'altro Lenin può metter fine alla sfuriata che ha montato soltanto perché serviva a un suo scopo. La sua

disposizione d'animo rimane non soltanto serena, ma addirittura allegra.

Anche nella vita privata, Lenin ama tutte le forme di svago senza pretese, dirette, semplici e rumorose. I suoi compagni di gioco preferiti sono i bambini e i gatti; talvolta rimane ore e ore di seguito a giocare con loro.

Sul lavoro Lenin rivela le stesse qualità del suo spirito sano e vitale. La mia esperienza personale non mi consente di affermare che Lenin sia un lavoratore accanito. Non l'ho mai visto immerso nella lettura di un libro o curvo sulla scrivania. Lenin scrive i suoi articoli senza il minimo sforzo, di getto, senza bisogno di correzioni. Può scrivere in ogni momento della giornata: più spesso lo fa al mattino appena si alza, ma scrive altrettanto bene di sera, alla fine di una giornata spossante, o in qualsiasi altro momento. (1923)[29]

---

29 da *Profili di rivoluzionari*, De Donato, 1968

Lenin e lo sport / di *Carles Viñas*

Ma Lenin si è mai occupato di sport? Ce ne parla Carles Viñas[30]...

[...] Qual era però l'interesse reale dei bolscevichi nei confronti dello sport in generale e del calcio in particolare? Lo ritenevano qualcosa di rilevante? Lenin, per esempio, da giovane aveva praticato diversi sport, dall'alpinismo fino al ciclismo, passando per il pattinaggio su ghiaccio, il tiro a segno, il *gorodki* (un gioco tradizionale con birilli e una mazza) o la pesca, in cui si distingueva - secondo alcuni compagni - per la sua impazienza. Durante i periodi trascorsi in prigione e in esilio considerò lo sport come uno stimolo mentale per non abbassare mai il grado di tensione e di allerta. Quando venne rinchiuso a San Pietroburgo lasciò scritto che "fare ginnastica mi produceva un gran piacere e mi faceva considerare ben spesa la giornata". In una lettera inviata da Monaco alla sorella ricordava che fare tali esercizi "è assolutamente necessario quando sei solo".

Lenin riconosceva gli effetti dello sport sul "comportamento sociale dei cittadini e sulla promozione della salute"[31]. Al

---

30 Brano (pp. 81-83) tratto da: L'arte del calcio sovietico / Carles Viñas ; traduzione di Simone Cattaneo. - Milano : Il Saggiatore, 2023. - 186 p., [6] : br. ; 21,5 cm. - (La cultura ; 1697). - Tit.orig.: Futbol al pais dels soviets. - ISBN 978-88-428-3253-9.

31 Sport in Soviet society : development of sport and physical education in Russia and the USSR / James Riordan. - Cambridge : Cambridge University press, 1977, p. 63

tempo stesso notava che poteva contribuire in maniera rilevante a formare l'individuo integrale della società comunista e, di riflesso, all'emancipazione delle donne. Al riguardo, il leader bolscevico sottolineò l'importanza del lavoro che sarebbe toccato allo Vsevobuc (il programma di addestramento obbligatorio diretto dall'Amministrazione generale d'istruzione militare universale del commissariato popolare d'affari militari, introdotto in tutto il paese nel 1918) nello stabilire una relazione di cameratismo tra i giovani e le giovani. Per lui, lo sport era il veicolo idoneo per avvicinare le donne all'attività pubblica e raggiungere in questo modo l'uguaglianza.

La vera passione di Lenin, però, erano gli scacchi; un hobby condiviso con Karl Marx[32] e molti altri intellettuali russi emigrati. Di fatto, arrivò addirittura a giocare regolarmente partite a distanza con il drammaturgo Anatolij Lunacarskij e con lo scrittore Maksim Gor'kij, inviando per posta i movimenti dei pezzi.

In una missiva, datata 19 novembre 1917 e spedita da Aleksandr Bogdanov al cognato, Lunacarkij, il medico e filosofo bielorusso teorico del movimento Proletkul't (Cultura proletaria) - fondato nel febbraio 1917 con l'obiettivo di modificare radicalmente le forme artistiche per mezzo della creazione di una nuova cultura proletaria legata alla

---

32 Il filosofo e teorico tedesco odiava gli esercizi fisici, L'unica disciplina sportiva che praticò in tutta la sua vita furono gli scacchi.

rivoluzione socialista -, scriveva che Lenin era un "giocatore di scacchi duro".

I compiti propri della gestione di uno stato nascente, come la Russia rivoluzionaria del 1917, obbligarono Lenin a rinunciare agli scacchi. Le partite di solito erano lunghe e sottraevano troppo tempo alla sua agenda, sempre piena. Gli anni in cui restava assorto a lungo, a pensare la mossa successiva con gli occhi fissi sulla scacchiera, erano ormai passati. Gli obblighi dell'incarico - presiedette il Consiglio dei commissari del popolo dell'Rsfsr tra il 1917 e il 1921 - comportarono, suo malgrado, il progressivo distanziamento dagli scacchi. Nonostante tutto, nel novembre del 1922 fu designato presidente onorario della società di scacchi di Mosca in omaggio alla passione professata per la "ginnastica della mente".

Sebbene non potesse godere dello sport come anni addietro, Lenin condivideva le sue inquietudini con Nikolaj Podvojskij, membro del Partito operaio socialdemocratico di Russia, capo del Comitato militare rivoluzionario di Pietrogrado durante la Rivoluzione d'Ottobre e fino a marzo 1918 commissario del popolo per gli affari militari. Podvojskij, in seguito primo presidente dello Vsevobuc e, tra il 1921 e il 1923, anche della Sportintern, confidò che Lenin aveva posto in risalto l'importanza dell'allenamento in discipline quali l'ippica, lo sci, il ciclismo e gli sport acquatici, così come la necessità di sfruttare questa preparazione in ambito lavorativo e militare.

Podvojskij aveva ben chiaro che era "impossibile vincere la guerra civile o costruire il socialismo senza una campagna a grande scala per migliorare la condizione fisica e la salute"[33]. E tutto ciò andava fatto con urgenza, visto il conflitto bellico fratricida iniziato negli ultimi scampoli del 1917.

In realtà, però, ad eccezione di Lenin e di alcuni pedagoghi, che già prima della Rivoluzione avevano difeso la necessità di introdurre un sistema di educazione fisica universale, una buona parte dei bolscevichi mostrò poco interesse per lo sport. Il motivo era la loro visione critica degli sport competitivi, come il calcio, ritenuti spettacoli capitalisti. Non per nulla erano a favore del dilettantismo e di un approccio anticommerciale. Non c'è da stupirsi, se si tiene conto della percezione dello sport allora condivisa da buona parte della sinistra a livello internazionale [...].

---

33 Sport in Soviet society : develepment of sport and physical education in Russia and the USSR / James Riordan. - Cambridge : Cambridge University press, 1977, p. 73

Ricordare, ripetere e rielaborare / di Slavoj Žižek

Slavoj Žižek (Lubiana, 21 marzo 1949) è un filosofo, sociologo e politologo sloveno, esponente della filosofia marxista. Ricercatore all'Istituto di Sociologia dell'Università di Lubiana, è docente all'European Graduate School e Direttore del Birkbeck Institute for the Humanities presso il Birkbeck College dell'Università di Londra. Nel 2017 ha pubblicato per il centenario della rivoluzione d'ottobre un libro intitolato "Lenin oggi"[34], da cui traiamo alcuni brani dall'introduzione.

Il titolo di un breve testo di Freud risalente al 1914, *Ricordare, ripetere e rielaborare*, fornisce la formula migliore riguardo al modo in cui dovremmo confrontarci - oggi, cento anni dopo - con quell'evento che si chiama Rivoluzione d'ottobre. I tre concetti citati da Freud formano una triade dialettica: designano le tre fasi del processo analitico, e in ogni passaggio da una fase all'altra sopraggiungono delle resistenze. La prima fase consiste nel ricordare gli eventi traumatici repressi del passato, tirarli fuori, cosa che si può fare anche tramite l'ipnosi. Questa fase conduce rapidamente

---

[34] Lenin oggi : Ricordare, ripetere, rielaborare / Slavoj Zizek ; con una scelta di scritti di Lenin ; edizione italiana a cura di Massimiliano Manganelli. - Firenze : Ponte alle grazie, 2017. - 295 p., [9] : br. ; 20,5 cm. - Tit.orig.: Lenin 2017 : remember, repeating and working through. - ISBN 978-88-6833-762-7.

a un punto morto: il contenuto emerso manca del suo preciso contesto simbolico, perciò resta inefficace, non riesce cioè a trasformare il soggetto, mentre la resistenza resta attiva, limitando la quantità di contenuto rivelato [...]. La resistenza si esprime sotto la forma del transfert: ciò che non riesce a ricordare adeguatamente il soggetto lo ripete, trasferendo la costellazione passata in una presente (per esempio tratta l'analista come se fosse il proprio padre) [...]. Rielaborare significa rielaborare la resistenza, trasformandola da ostacolo in risorsa dell'analisi, e questa trasformazione è autoriflessiva in senso pienamente hegeliano: la resistenza è un legame tra oggetto e soggetto, tra passato e presente, la prova che non siamo fissati soltanto sul passato, ma che questa fissazione è un effetto dell'attuale punto morto dell'economia libidica del soggetto.

Rispetto al 1917, anche noi cominciamo col ricordare, col rievocare la vera storia della Rivoluzione d'Ottobre e, ovviamente, il suo ribaltamento nello stalinismo. Il grande problema etico-politico dei regimi comunisti si può intendere meglio sotto il titolo "padri fondatori, crimini fondativi". Un regime comunista può sopravvivere all'atto di affrontare apertamente il proprio passato, durante il quale furono imprigionate e uccise milioni di persone? Se sì, in che forma e fino a che punto?[35] [...]

... Soltanto chi è fedele al comunismo può mettere in atto una critica davvero radicale della triste realtà dello stalinismo e

---

35 Ibidem, pp. 7-8

dei suoi derivati. Affrontiamola: oggi Lenin e la sua eredità sono percepiti come qualcosa di irrimediabilmente datato, che appartiene a un "paradigma" defunto. Non solo Lenin fu comprensibilmente cieco di fronte ai molti problemi ormai centrali nella vita contemporanea (ecologia, lotta per una sessualità emancipata, ecc.) ma la sua brutale prassi politica è del tutto fuori sincrono rispetto all'attuale sensibilità democratica, la sua visione della società come sistema industriale centralizzato gestito dallo Stato è semplicemente inconsistente, ecc. Invece di tentare disperatamente di salvare l'autentico nucleo leninista dall'alluvione stalinista, non sarebbe più consigliabile dimenticare Lenin e tornare a Marx, cercando nella sua opera le radici di ciò che è andato storto nei movimenti comunisti del Novecento?

Tuttavia la situazione di Lenin non fu segnata esattamente da un'analoga irreparabilità? [...] Ricordiamo lo shock di Lenin allorché, nell'autunno del 1914, tutti i partiti socialdemocratici europei (con l'onorevole eccezione dei bolscevichi russi e dei socialdemocratici serbi) optarono per l'appoggio alla "linea patriottica". Quando *Vorwärts*, il quotidiano dei socialdemocratici tedeschi riferì che al Reichstag i socialdemocratici avevano votato i crediti di guerra, Lenin pensò addirittura a un falso della polizia segreta russa concepito per ingannare i lavoratori russi. Nell'epoca di un conflitto militare che spaccò a metà il continente europeo, quanto era difficile rifiutare l'idea che ci si dovesse schierare nonché il "fervore patriottico" nel proprio stesso paese! E quante grandi menti (Freud compreso) cedettero alla tentazione nazionalistica, magari soltanto per un paio di settimane!

Lo shock del 1914 fu - per dirla nei termini di Alain Badiou — un *désastre*, una catastrofe nella quale scomparve un mondo intero: non solo l'idilliaca fede borghese nel progresso, ma anche il movimento socialista che la accompagnava. Persino Lenin stesso perse il proprio equilibrio: in *Che fare?*, nella sua disperata reazione non c'è alcuna soddisfazione, alcun "ve l'avevo detto!". Quel momento di *Verzweiflung*, quella catastrofe spalancarono la scena all'evento leninista, alla rottura con lo storicismo evoluzionistico della Seconda Internazionale; e Lenin era l'unico al livello di questa apertura, l'unico a esprimere la Verità della catastrofe. In quel momento di disperazione nacque il Lenin che, tramite la diversione di una lettura approfondita della *Logica* di Hegel, fu in grado di scorgere l'eccezionale possibilità della rivoluzione.

Oggi la sinistra si trova in una situazione straordinariamente simile a quella che diede vita al leninismo, e il suo compito è proprio quello di ripetere Lenin. Questo non implica un ritorno a Lenin. Ripetere Lenin significa accettare che "Lenin è morto", che la sua particolare soluzione è fallita, persino in maniera atroce. Ripetere Lenin significa che occorre distinguere tra ciò che Lenin ha effettivamente fatto e il campo di possibilità che ha aperto, riconoscere la tensione tra le sue azioni e un'altra dimensione, ciò che "in

Lenin era più dello stesso Lenin". Ripetere Lenin vuol dire ripetere non ciò che Lenin ha fatto, bensì ciò che non è riuscito a fare, le sue occasioni mancate[36].

---

36 Ibidem, pp. 15-16.

Sulla rivoluzione russa dell'ottobre 1917 / di Alain Badiou

È sempre impressionante vedere, nel breve tempo di una vita umana, un evento storico invecchiare, consumarsi, raggrinzire e poi morire...[37]

È sempre impressionante vedere, nel breve tempo di una vita umana, un evento storico invecchiare, consumarsi, raggrinzire e poi morire. Morire, per un evento storico, è quando quasi tutta l'umanità ti dimentica. È quando, invece di illuminare e guidare la vita di una massa di persone, l'evento appare solo nei libri di storia specialistici. L'evento morto giace nella polvere degli archivi.

Ebbene, posso dire che, nella mia vita personale, ho visto la rivoluzione d'ottobre del 1917, se non morire, almeno agonizzare. Mi si dirà: non sei così giovane, dopotutto, e per di più sei nato vent'anni dopo tale rivoluzione. Quindi ha avuto comunque una lunga vita! E del resto, si parla dappertutto del suo centenario.

La mia risposta è questa: quasi ovunque, questo centenario, come il bicentenario della Rivoluzione francese, maschererà e mancherà il senso di questa rivoluzione, il motivo per cui per almeno sessant'anni ha scatenato l'entusiasmo di milioni

---

[37] Alain Badiou, *Pietrogrado, Shangai. Le due rivoluzioni del XX secolo*, Mimesis, 2023, Titolo originale: *Petrograd, Shanghai*, La Fabrique Éditions, 2018. Traduzione italiana di Linda Valle.

di persone, dall'Europa all'America Latina, dalla Grecia alla Cina, dal Sudafrica all'Indonesia. E perché, allo stesso tempo e in tutto il mondo, ha terrorizzato e costretto a ritirarsi il piccolo manipolo dei nostri veri padroni, l'oligarchia dei proprietari del capitale.

È vero che per rendere possibile la morte di un evento rivoluzionario nella memoria degli uomini è necessario cambiarne la realtà, renderlo una favola sanguinosa e sinistra. La morte di una rivoluzione si ottiene con una dotta calunnia. Parlarne, organizzarne il centenario, sì! Ma a condizione che ci si sia dati strumenti dotti per concludere: mai più!

Anche in questo caso è già successo con la Rivoluzione francese. Gli eroi di questa rivoluzione, Robespierre, Saint-Just, Couthon, sono stati presentati per decenni come tiranni, persone arcigne e ambiziose, assassini in costume. Persino Michelet, un aperto sostenitore della Rivoluzione francese, voleva fare di Robespierre un dittatore.

Va ricordato brevemente che Michelet fece un'invenzione che avrebbe dovuto brevettare, perché gli fruttò una fortuna. Oggi la sola parola "dittatore" è una mannaia che rimpiazza qualsiasi discussione. Chi sono, dopo Robespierre, Lenin, Mao, Castro e persino Chavez in Venezuela o Aristide ad Haiti? Dittatori. La questione è risolta.

In realtà, è con un'intera generazione di storici comunisti, guidati da Albert Mathiez, che la Rivoluzione francese è stata letteralmente resuscitata nella sua portata egualitaria e universale, a partire dagli anni Venti del secolo scorso. È quindi grazie alla rivoluzione russa del 1917 che è stato ripensato in modo nuovo, vivo e militante, il momento fondamentale della Rivoluzione francese, quello che portava con sé il futuro, la Convenzione montagnarda tra il 1792 e il 1794.

Una vera rivoluzione è sempre la resurrezione di quelle che l'hanno preceduta: la rivoluzione russa ha fatto risorgere la Comune di Parigi del 1871, la Convenzione di Robespierre, la rivolta degli schiavi neri ad Haiti sotto Toussaint Louverture, e ancora, risalendo al XVI secolo, la rivolta contadina in Germania sotto la guida di Thomas Müntzer, e ancora, risalendo all'Impero romano, la grande rivolta dei gladiatori e degli schiavi guidata da Spartaco.

Spartaco, Thomas Müntzer, Robespierre, Saint-Just, Toussaint Louverture, Varlin Lissagaray e gli operai in armi della Comune: tanti "dittatori" calunniati e dimenticati, che Lenin, Trotski o Mao Zedong hanno trasformato in quello che sono stati: eroi dell'emancipazione popolare, punti fermi dell'immensa storia che orienta l'umanità verso il governo collettivo di se stessa. Oggi, cioè da trenta o cinquant'anni, dalla fine della rivoluzione culturale in Cina, o dalla morte di Mao nel 1976, è stata organizzata la morte sistematica di questa immensa storia. Il desiderio stesso di tornare a essa è considerato impossibile. Ci viene detto ogni giorno che rovesciare i nostri padroni e organizzare un futuro egualitario globale è un'utopia criminale e un oscuro desiderio di dittatura sanguinaria. Un esercito di intellettuali servili si è specializzato, soprattutto nel nostro paese, la Francia, nella calunnia controrivoluzionaria e nella strenua difesa del dominio capitalista e imperialista. I cani da guardia dell'ineguaglianza e dell'oppressione dei poveri, del proletariato nomade, sono ovunque al comando. Hanno inventato la parola "totalitario" per caratterizzare tutti i regimi politici guidati dall'idea di uguaglianza. Quando si sente parlare, in relazione alla rivoluzione russa, di "totalitario", si deve automaticamente pensare che dietro di esso, appena nascosto, c'è "egualitario".

La verità è che la rivoluzione russa del 1917 fu tutt'altro che totalitaria. Ha avuto molte tendenze diverse, ha superato nuove contraddizioni, ha riunito e unito persone estremamente diverse, grandi intellettuali, operai delle fabbriche, contadini dal profondo della tundra. Per almeno dodici anni, tra il 1917 e il 1929, ha attraversato spietate guerre civili e appassionate discussioni politiche. Fu l'esposizione, non di una Totalità totalitaria, ma di un disordine attivo straordinario, attraversato però dalla luce di un'idea, l'idea egualitaria.

Allora, evidentemente, la rivoluzione russa del 1917, con le parole "dittatura" e "totalitario", non poteva che essere fraintesa e storicamente morta. Per capire qualcosa di questa rivoluzione, bisogna dimenticare tutto ciò che viene detto su di essa. Bisogna tornare indietro alla lunghissima storia dell'umanità, bisogna mostrare come e perché la rivoluzione russa del 1917 in sé, nella sua sola esistenza, è un monumento alla gloria dell'umanità a venire.

Per questo vorrei iniziare con un breve resoconto dell'immensa storia della nostra specie, la storia della bestia umana, la storia di quell'animale strano e pericoloso, geniale e spaventoso che si chiama uomo e che i filosofi greci chiamavano bipede senza piume. Perché il "bipede senza piume"? Perché tutti i grandi animali terrestri sono quadrupedi, ma l'uomo è bipede. E tutti gli uccelli sono bipedi, ma tutti hanno le piume, mentre l'uomo non ce le ha. Quindi solo l'uomo è un bipede senza piume. La rivoluzione russa dell'ottobre 1917, in ogni caso, è stata fatta da una grande massa di bipedi senza piume. Cosa possiamo dire di questa specie animale, a cui tutti noi apparteniamo, a parte il fatto storicamente poco illuminante che è composta da bipedi senza piume?

Innanzitutto, notiamo che si tratta di una specie molto recente, dal punto di vista della storia generale della vita sul nostro piccolo e insignificante pianeta. In ogni caso, non ha più di duecentomila anni, tenendosi larghi, mentre il fenomeno dell'esistenza degli esseri viventi può essere contato in centinaia di milioni di anni.

Quali sono le caratteristiche più generali di questa specie recente? Il criterio biologico di una specie, e della nostra specie tra le altre, è che l'accoppiamento tra un maschio e una femmina di tale specie possa essere fertile. Questo è certamente vero per la specie umana, e spesso,

indipendentemente dal colore, dall'origine geografica, dalle dimensioni, dai pensieri o dall'organizzazione sociale dei partner. Questo è il primo punto. D'altra parte, è il secondo punto, la durata della vita umana, altro criterio materiale, non sembra per il momento poter superare i 130 anni, restando larghi. Ma già questo ci permette di fare due osservazioni, certo molto semplici, ma a mio avviso fondamentali, anche per collocare chiaramente la rivoluzione russa dell'ottobre 1917.
La prima osservazione è che l'avventura cosmica, se così possiamo chiamarla, della specie umana, della bestia umana, è in realtà breve. È difficile da immaginare, perché duecentomila anni sono già qualcosa che si perde nelle immense nebbie, soprattutto se si considerano le sfortunate centinaia di anni che limitano con rigore la nostra avventura personale. Tuttavia, dobbiamo ricordare questa banalità: in termini di storia generale della vita, il tempo di esistenza della specie Homo sapiens —un uomo consapevole, dotto, ci chiamiamo così, è piuttosto pretenzioso —è un'avventura specifica molto breve. Si può quindi sostenere che forse siamo solo all'inizio, che forse siamo proprio all'inizio di questa avventura specifica. Questo per stabilire una scala delle cose che si possono dire e pensare in termini di futuro collettivo dell'umanità. I dinosauri, per esempio, non erano molto amichevoli, almeno secondo i nostri criteri, ma esistevano su una scala davvero immensa rispetto alla nostra specie. Non la contiamo in migliaia di anni, ma in centinaia

di milioni. Rispetto ai dinosauri, l'umanità, così come la conosciamo, può considerarsi una sorta di misero inizio.

L'inizio di cosa? Sappiamo che i partecipanti alla Rivoluzione francese pensavano di essere un inizio assoluto. La prova: cambiarono il calendario. E nel nuovo calendario, l'anno I era l'anno della creazione rivoluzionaria della Repubblica francese. Per loro la Repubblica, la libertà, la fraternità, l'uguaglianza, era un nuovo inizio per la razza umana, dopo migliaia di anni di dispotismo e di sventure per la vita del popolo. E fu un inizio non solo per la Francia e i francesi, ma per l'intera umanità. Del resto, per i rivoluzionari del 1793, l'umanità e la Francia non erano molto diverse. Nella Costituzione del 1793 si afferma, per esempio, che chiunque al mondo si occupi di un orfano o si prenda cura di un anziano deve essere considerato cittadino della Repubblica. Abbiamo già questa convinzione che con la Rivoluzione l'umanità cambi, che non abbia più la stessa definizione.

E la rivoluzione russa? Be', pensava ugualmente di iniziare una nuova fase per il genere umano, la fase comunista, la fase in cui tutta l'umanità, al di là dei Paesi e delle nazioni, si sarebbe organizzata per decidere in comune ciò che per essa ha un valore comune. Il "comunismo" è l'affermazione che ciò che è comune a tutti gli uomini deve essere l'oggetto incessante del pensiero, dell'azione e dell'organizzazione.

Questo per quanto riguarda la nostra prima osservazione: la specie umana, forse, sta solo iniziando a essere se stessa. E forse sotto la parola "rivoluzione", e in particolare la "rivoluzione del 1917", dobbiamo intendere: l'inizio, o la ripresa, della storia della specie umana.

La seconda osservazione è che esiste un livello materiale indiscutibile, di natura biologica, quello della riproduzione della specie, della sessuazione, della nascita, dove è in un certo senso dimostrato che siamo tutti uguali. Tutti uguali, forse, solo a questo livello. Ma a questo livello che esiste e che è materialmente assegnato. E poi c'è la questione della morte, che avviene entro parametri temporali più o meno fissi.

Quindi possiamo dire, senza rischio di essere smentiti, che esiste un'identità dell'umanità in quanto tale. E alla fine, questa identità dell'umanità in quanto tale non deve mai, ripeto "mai", essere dimenticata, quali che siano le innumerevoli differenze di nazione, sesso, cultura, impegno storico, ecc. Tuttavia, esiste una sorta di fondamento inconfondibile che costituisce l'identità dell'umanità in quanto tale. Quando i rivoluzionari cantavano, anche in Russia certo, che "l'Internazionale sarà il genere umano", dicevano che il genere umano è fondamentalmente unico. Marx lo aveva già detto: i proletari, gli operai, i contadini, che costituiscono la maggioranza dell'umanità, condividono un destino comune e devono avere, al di là di tutte le frontiere, un pensiero e un'azione comuni. Lo ha detto brutalmente: "i proletari non hanno patria". Che vuol dire: la loro patria è l'umanità. Devono capirlo tutti questi giovani che lasciano il Mali, o la Somalia, o il Bangladesh, o altrove; che vogliono attraversare i mari per andare a vivere dove pensano sia possibile vivere, cosa che non possono più fare nel loro Paese; che rischiano cento volte la morte; che devono pagare scafisti predoni; che attraversano tre o dieci Paesi diversi, la Libia, l'Italia, la Svizzera, o la Slovenia, la Germania o l'Ungheria; che imparano tre o quattro lingue, che fanno tre o quattro o dieci lavori. Sì, sono il proletariato nomade, e ogni paese è la loro patria. Sono il cuore del mondo umano di oggi, sanno esistere ovunque ci siano esseri umani. Sono la prova che l'umanità è una, è comune. Per questo non dobbiamo accoglierli solo come fratelli, ma come un'opportunità. E dobbiamo organizzarci con loro affinché l'umanità possa finalmente iniziare la sua vera vita planetaria.

Aggiungerei un altro argomento comunista. È dimostrato che la capacità intellettuale dell'umanità è anch'essa invariabile come capacità.

Naturalmente c'è stata una rivoluzione fondamentale nella storia dell'umanità tra 15.000 e 5.000 anni fa, di gran lunga la più importante nella storia della bestia umana. Si chiama rivoluzione neolitica. In un arco di tempo che si può contare in pochi millenni, l'umanità, che esisteva, così come la conosciamo, da ben più di 100.000 anni, inventò l'agricoltura sedentaria, la conservazione dei cereali nel vasellame e quindi la possibilità di avere un'eccedenza di cibo, quindi l'esistenza di una classe di persone nutrite da questa eccedenza ed esentate dalla partecipazione diretta ai compiti produttivi, quindi l'esistenza dello Stato, rafforzata dall'esistenza di armi metalliche, e la scrittura, che in origine serviva a contare i produttori di bestiame e a riscuotere le tasse. In questo contesto, la conservazione, la trasmissione e il progresso di tutti i tipi di tecniche furono fortemente stimolati. Vediamo apparire grandi città e un potente commercio internazionale, via terra e via mare.

Alla luce di questo cambiamento, avvenuto diversi millenni fa, ogni altro cambiamento è davvero secondario per il momento, perché, in un certo senso, siamo ancora all'interno dei parametri stabiliti a quell'epoca. In particolare, l'esistenza di classi dominanti e inattive, l'esistenza di uno Stato autoritario, l'esistenza di eserciti professionali, l'esistenza di guerre tra nazioni, tutto ciò ci pone ben oltre i piccoli gruppi di cacciatori-raccoglitori che rappresentavano in precedenza l'umanità. Siamo ancora all'interno di questi parametri. La verità è che siamo neolitici.

Tuttavia, questa rivoluzione non significa che, dal punto di vista delle capacità intellettuali, siamo superiori agli esseri umani prima della rivoluzione neolitica. Ricordiamo l'esistenza di pitture rupestri come quelle della grotta Chauvet, che risalgono a trentacinquemila anni fa, quando molto probabilmente esistevano ancora solo piccoli gruppi di cacciatori-raccoglitori, ben prima della rivoluzione neolitica. La sola esistenza di queste pitture attesta che la capacità riflessiva, contemplativa e idealizzante della bestia umana, così come il suo virtuosismo tecnico, erano già esattamente quelle che sono oggi.

Non è quindi solo a livello biologico e materiale che l'identità umana, attraverso la sua avventura, deve affermarsi, ma senza dubbio anche a livello di ciò che è intellettualmente capace di fare. Questa fondamentale unicità, questo "Stesso" biologico e mentale, è sempre stato l'ostacolo fondamentale alle teorie secondo cui l'umanità non è uguale, teorie secondo cui esistono sottospecie fondamentalmente diverse, solitamente chiamate razze. I razzisti hanno sempre temuto e vietato le relazioni sessuali, per non parlare del matrimonio, tra i membri delle razze che definivano superiori e quelli che dichiaravano inferiori. Hanno fatto leggi terribili affinché i neri non avessero mai accesso alle donne bianche, o gli ebrei alle donne presuntamente ariane. Questa ossessione, che si può far risalire alla storia delle correnti razziste, ha cercato di negare l'evidenza, cioè l'unità primordiale dell'umanità, e si è estesa ad altre differenze, come quelle sociali. È noto che una donna della classe dominante non doveva sposarsi, né avere una relazione sessuale, tanto meno figli, con un uomo della classe operaia. I padroni non dovevano riprodurre la specie con gli schiavi, ecc. In altre parole, ci sono stati lunghi periodi in cui l'affermazione dell'unità della specie era uno scandalo sociale. La rivoluzione russa del 1917, sulla scia della Rivoluzione francese, voleva stabilire per sempre il regno egualitario della specie umana. Voleva lasciarsi alle spalle il neolitico.

Ma il punto più essenziale oggi è probabilmente l'organizzazione sociale dominante. Un'organizzazione sociale dominante, anzi, ancor più dominante in quanto ha ormai conquistato l'intera avventura umana, l'intero spazio mondiale. Si chiama capitalismo, questo è il suo nome proprio, e organizza forme mostruose di disuguaglianza, e quindi di alterità, all'interno dell'unità di principio della specie umana, che può benissimo rivendicare. Ci sono statistiche ben note al riguardo, ma le ripeto spesso perché devono essere conosciute. In realtà, tutto questo si può riassumere in una frase: un'oligarchia globale molto ristretta lascia oggi praticamente senza possibilità di semplice sopravvivenza miliardi di esseri umani, che vagano per il mondo alla ricerca di un posto dove lavorare, sfamare una famiglia, ecc. Allora forse è in gioco il fatto che l'umanità è solo all'inizio della sua esistenza storica. Con questo intendiamo dire che la sua organizzazione dominante, a livello di socialità, a livello di ciò che è l'umanità pratica, l'umanità reale, è ancora estremamente ridotta. Che l'umanità sia ancora neolitica significa questo: non è ancora vero che l'umanità, in ciò che produce, fa e organizza, sia in qualche modo all'altezza della sua unità fondamentale. Dobbiamo pensare e affermare che il vero destino dell'umanità consiste nello sperimentare e realizzare figure di esistenza collettiva che siano all'altezza del principio della sua unità fondamentale. Forse ci troviamo semplicemente nelle fasi di avanzamento, ancora approssimative, di questo progetto. Una volta Sartre disse che se l'umanità si fosse dimostrata incapace di realizzare il comunismo —era l'epoca in cui la parola veniva usata in modo innocente, se così si può dire —allora si sarebbe potuto dire, dopo la sua scomparsa, che non era stata molto più interessante o importante delle formiche. È chiaro cosa volesse dire —l'economia gerarchica collettiva delle formiche è nota come modello di organizzazione dispotica —voleva dire che se sovrastiamo la storia dell'umanità con l'idea che l'umanità debba e possa produrre un'organizzazione sociale commisurata alla sua unità fondamentale, cioè produrre un'affermazione consapevole di se stessa come specie unificata, allora il fallimento totale di questa impresa riporterebbe l'umanità a una figura animale tra le altre, a una figura animale che continua a sottostare alla legge della lotta per la sopravvivenza, della competizione degli individui e della vittoria del più forte.

Mettiamola in un altro modo. Possiamo pensare che è certo che debba esserci, che sia necessaria, nei secoli in atto, o nei millenni in atto, e a un livello che non possiamo determinare, una seconda rivoluzione dopo quella neolitica. Una rivoluzione che sarebbe alla pari di quella neolitica per importanza, ma che, nell'ordine dell'organizzazione immanente della società, ripristinerebbe l'unità primordiale dell'umanità.

La rivoluzione neolitica ha fornito all'umanità mezzi di trasmissione, di esistenza, di conflitto e di conoscenza senza precedenti, ma non ha eliminato, anzi per certi versi ha aggravato, l'esistenza di disuguaglianze, di gerarchie, di figure di violenza e di potere che pure ha portato a un livello senza precedenti. Questa seconda rivoluzione —la definiamo qui in modo molto generale, siamo a un livello prepolitico, se così si può dire —restituirebbe all'unità dell'umanità, questa unità indiscutibile, il potere sul proprio destino. L'unità dell'umanità cesserebbe di essere solo un fatto e diventerebbe in qualche modo una norma, dovendo l'umanità affermare e realizzare la propria umanità, anziché, al contrario, farla esistere nella figura delle differenze, delle disuguaglianze e delle fragilità di ogni tipo, nazionali, religiose, linguistiche, ecc. La seconda rivoluzione liquiderebbe il motivo, in realtà criminale rispetto all'unità dell'umanità, della disuguaglianza di ricchezza e di modi di vita.

Si può dire che dalla Rivoluzione francese del 1792-1794 non sono mancati i tentativi di raggiungere una vera uguaglianza, sotto vari nomi: democrazia, socialismo, comunismo. Possiamo anche ritenere che l'attuale vittoria temporanea di un'oligarchia capitalista globale sia un fallimento di questi tentativi, ma possiamo pensare che questo fallimento sia temporaneo e non dimostri nulla, se ci collochiamo naturalmente al livello dell'esistenza dell'unità dell'umanità in quanto tale. Questo problema non è una questione che riguarda le prossime elezioni —niente di tutto ciò —ma è una questione di secoli. E su questo punto non c'è altro da dire che "abbiamo fallito, quindi continuiamo a lottare".

Tuttavia, e questo punto ci porta a guardare da vicino la rivoluzione russa del 17 ottobre, c'è fallimento e fallimento. La mia tesi è quindi la seguente: la rivoluzione russa ha dimostrato, per la prima volta nella Storia, che era possibile avere successo. Si può sempre dire che alla lunga, dopo qualche decennio, è fallita. Ma ha incarnato, e deve incarnare nella nostra memoria, se non la vittoria, almeno la possibilità di vittoria. Diciamo che la rivoluzione russa ha mostrato la possibilità di un'umanità riconciliata con se stessa. Ma di quale vittoria si tratta esattamente?

Solo molto tardi, al massimo qualche secolo fa, la questione del fondamento economico degli Stati, della loro natura di classe, è entrata nel vivo del discorso politico. Allora era possibile sostenere, o addirittura dimostrare, che dietro la forma dello Stato (potere personale o democrazia) si poteva benissimo ospitare la stessa organizzazione sociale oppressiva e discriminatoria, in cui le decisioni statali più importanti riguardavano invariabilmente la protezione della proprietà privata senza limiti assegnabili, la sua trasmissione all'interno della famiglia e, in definitiva, il mantenimento, considerato naturale e inevitabile, di disuguaglianze davvero mostruose. Nel nostro Paese, un Paese privilegiato che si vanta della sua democrazia, sappiamo da fonti ufficiali che meno del 10% della popolazione possiede più del 50% della ricchezza totale! Sappiamo anche che più della metà della popolazione non possiede nulla. Se guardiamo al mondo nel suo complesso, le cose vanno peggio: poche centinaia di persone hanno una ricchezza pari a quella di altri tre miliardi. E più di due miliardi di persone non possiedono nulla.

Quando la questione della proprietà privata e delle mostruose disuguaglianze che essa comporta è diventata più chiara, ci sono stati tentativi rivoluzionari di ordine completamente diverso da quelli che riguardavano solo la forma del potere politico. Questi tentativi miravano a cambiare l'intero mondo sociale. Miravano a realizzare una vera uguaglianza. Volevano vedere gli operai e i contadini, i poveri, gli indigenti, i reietti, arrivare ai vertici della società. La canzone di queste insurrezioni si chiamava L'Internazionale. Diceva: "non siamo niente, saremo tutto". Diceva: "il mondo deve cambiare le sue basi". Tutto il XIX secolo è stato segnato dai fallimenti, spesso sanguinosi, di questi tentativi. La Comune, con i suoi trentamila morti nelle strade di Parigi, rimane il più glorioso di questi disastri. Aveva inventato, con il nome di "Comune", un potere egualitario. Ma dopo poche settimane, l'esercito del potere centrale reazionario entrò a Parigi e, nonostante una feroce resistenza nei quartieri popolari della città, massacrò senza pietà i lavoratori in rivolta e imprigionò e deportò migliaia di rivoltosi. Il fallimento continuò la sua marcia funebre.

È ora di ricordarlo: quando la rivoluzione russa durò più a lungo, per un solo giorno, della Comune di Parigi, il principale leader di quella rivoluzione, Vladimir Ul'janov Lenin, danzò sulla neve. Era consapevole del fatto che, a prescindere dalle terribili difficoltà che lo attendevano, la maledizione del fallimento era stata eliminata!

Che cosa era successo?

Innanzitutto, a partire dagli anni 1914-1915, si verificò un significativo indebolimento del dispotico Stato centrale russo, impegnato in modo sconsiderato nella Grande Guerra del 1914-1918. In effetti, la guerra mondiale aprì una grave crisi del potere monarchico in Russia. Nel febbraio del 1917, una rivoluzione, classicamente democratica, rovesciò lo Stato. Non c'era niente di nuovo: grandi Paesi come la Francia, l'Inghilterra e la Germania avevano già istituito regimi parlamentari, in alcuni casi da molto tempo, con capi di governo eletti. In un certo senso, la situazione russa, con il dispotismo dello zar e il potere aristocratico dei proprietari terrieri, era in ritardo. Ma questa rivoluzione democratica non ha fermato il movimento. Da anni in Russia ci sono gruppi intellettuali rivoluzionari molto attivi, che vedono oltre la semplice imitazione delle democrazie occidentali. C'è una classe operaia giovane in formazione, molto incline alla rivolta e priva di un quadro sindacale conservatore. C'è un'enorme massa di persone estremamente povere e oppresse. Ci sono, a causa della guerra, centinaia di migliaia di soldati e marinai in armi, che odiano quella guerra e che pensano giustamente serva soprattutto agli interessi imperialisti di Francia e Inghilterra contro le ambizioni non meno imperialiste della Germania. C'è infine un partito rivoluzionario solido e vivace, strettamente legato ai lavoratori. Questo partito si chiama partito bolscevico. È allo stesso tempo molto vivace nelle discussioni, ma più disciplinato e attivo di tutti gli altri. All'inizio della guerra era decisamente in minoranza, ma si è sviluppato molto rapidamente con la crisi politica. È molto presente nella giovane classe operaia russa. Alla sua guida troviamo persone come Lenin e Trotski, che combinano una forte cultura marxista con una lunga esperienza militante, ossessionata dalla lezione della Comune di Parigi. Infine, e soprattutto, nate nel movimento della rivoluzione democratica di febbraio, ci sono le organizzazioni popolari locali, comparse ovunque, nelle grandi città, nelle fabbriche, in alcuni villaggi rurali. Queste organizzazioni funzionano come una riunione, una grande riunione di massa, in cui gli oratori presentano la situazione e i vari orientamenti possibili. Queste assemblee popolari, molto diverse tra loro, molto vivaci, hanno obiettivi propri. Ma tutte pensano che le decisioni politiche e sociali debbano essere discusse e convalidate in queste assemblee, e non solo in un governo lontano e timoroso, che si dichiara democratico, ma che continua a proteggere il vecchio mondo russo. Queste organizzazioni si chiamano soviet. La combinazione della forza inventiva e disciplinata del partito bolscevico e delle assemblee della democrazia di massa che sono i soviet costituisce la chiave, dopo la rivoluzione del febbraio 1917, della seconda rivoluzione dell'autunno 1917.

Ciò che è unico nella storia dell'umanità è la trasformazione di una rivoluzione che mira solo a cambiare il regime politico, a cambiare la forma dello Stato, in una rivoluzione completamente diversa, che mira a cambiare l'organizzazione della società nel suo complesso, rompendo l'oligarchia economica e affidando la produzione, sia industriale che agricola, non più alla proprietà privata di pochi, ma alla gestione decisa da tutti coloro che lavorano.

Questo progetto, che si concretizzerà nella terribile tempesta della rivoluzione russa, nella presa del potere, nella guerra civile, nel blocco, nell'intervento straniero, va visto come voluto e organizzato. L'idea generale di tutto questo ha potuto vincere perché era presente, in modo consapevole e volontario, nella maggioranza del partito bolscevico, certo, ma dalla fine dell'estate del 1917, nella maggioranza dei soviet, e in particolare nel più importante di essi, il soviet della capitale, Pietrogrado.

Un esempio eclatante è contenuto, già nella primavera del 1917, nel programma generale che Lenin fece circolare nel Partito, affinché animasse le discussioni in tutto il Paese. Tutte le componenti di questo programma, di questo insieme di decisioni possibili, sono orientate all'idea di una rivoluzione completa e globale di tutto ciò che esisteva, di fatto, dal neolitico. Questo testo è talmente notevole che ne presento un commento dettagliato nel secondo capitolo di questo libro. È un testo in cui Lenin mostra ciò che deve essere fatto rispetto alla situazione della Russia, tenendo conto sia della guerra mondiale, che continua, sia della rivoluzione di febbraio. Ora, questo "fare", e il pensiero che lo accompagna, pone al centro del processo a venire gli elementi fondamentali di un'uscita dal neolitico: la collettivizzazione della proprietà agraria, industriale e bancaria, e la fine dello Stato centralizzato. Quanto allo stile politico, lontano dal "volontarismo" violento attribuito a Lenin, è fatto di pazienza, discussione e persuasione. È uno stile politico basato sulla pazienza e sulla durata, proprio nel momento in cui si tratta di passare da una sequenza di rivoluzione borghese classica a una sequenza completamente nuova di sconvolgimento integrale dell'organizzazione sociale.

E difatti, è proprio perché questo orientamento generale, fissato in aprile, diventerà maggioritario all'inizio di ottobre nei grandi soviet operai, in particolare in quello di Pietrogrado, che la situazione potrà oscillare in direzione di una vittoriosa insurrezione comunista.

Su queste basi, e attraverso gigantesche prove legate alla particolare situazione della Russia, si verifica effettivamente, a partire dal 17 ottobre, la prima vittoria, nell'intera storia dell'umanità, di una rivoluzione postneolitica. È vero che la stessa insurrezione di ottobre, la presa del potere, fu più un'iniziativa del Partito comunista che una decisione di massa dei soviet; che la guerra civile costrinse il potere rivoluzionario a una concentrazione e a una disciplina spesso violente; sappiamo che, all'inizio degli anni Venti, Lenin, malato, era profondamente preoccupato per questo stato di cose e voleva, secondo le sue stesse parole, che la burocrazia statale fosse sottoposta al controllo di quello che chiamava un "ispettorato operaio e contadino". Sappiamo che dall'inizio degli anni Trenta, dal 1929 in poi, con il primo piano quinquennale, sotto l'implacabile guida di Stalin, si passò da "tutto il potere ai soviet" a "tutto il potere alla completa fusione del partito comunista e dello Stato", e quindi alla scomparsa del potere dei soviet. Questa trasformazione della forma di potere prepara, in lontananza, ma prepara, un'industrializzazione di certo molto necessaria e molto rapida, ma che è in definitiva legata al lavoro forzato, alle deportazioni e al Terrore, che raggiungerà il suo apice nel 1937-1938. Ma prepara anche, dopo la morte di Stalin, la stagnazione nel ruolo ufficiale di grande potenza mondiale, e poi il ritorno, sotto forma di catastrofe, all'ovile del capitalismo e del mercato mondiale.

Perciò tutto questo è ora esposto alla morte storica, all'oblio concertato. D'ora in poi, la rivoluzione russa viene giudicata dal punto di vista del ritorno al consenso neolitico.

Tuttavia, qualunque siano stati gli avatar di questa avventura inaudita, e qualunque sia la situazione attuale di ripresa del potere globale da parte delle cricche neolitiche contemporanee, possiamo sapere che la possibilità di vittoria di un mondo postneolitico è possibile. Che tale mondo può esistere, e quindi deve esistere. E che, di conseguenza, l'attuale dominio del capitalismo globale è sempre e solo un passo indietro senza interesse né futuro. Questo dominio della moderna forma di proprietà privata che è il capitalismo ha portato nel XX secolo e porterà nel XXI secolo solo a guerre feroci, con decine di milioni di morti. Il capitalismo è morte. La rivoluzione comunista dell'ottobre 1917 è, a livello del futuro dell'umanità, l'inizio della vita. Questa rivoluzione rimane la base su cui sappiamo che, nonostante le apparenze passeggere, il capitalismo dominante è già, e per sempre, una cosa del passato. Il nostro dovere è quello di abitare questo passato, che ci è stato imposto, per costruire l'abitazione politica di un presente reale, di una vita reale, che rimanga rivolta verso la seconda mutazione, quella postneolitica. Di questo presente vivo che lotta contro la morte, la rivoluzione russa rimane un emblema che, per quanto possa apparire passato, è comunque, contro la morte, rivolto verso il futuro.

Lenin e il Movimento Femminile / di Clara Zetkin (1925)

Il compagno Lenin mi ha spesso parlato della questione femminile. Le riconosceva una grande importanza, poiché il movimento femminile era per lui parte costitutiva e, in certe condizioni, parte del movimento delle masse. È inutile dire che egli considerava la piena eguaglianza sociale della donna come un principio indiscutibile del comunismo.

La nostra prima lunga conversazione su questo argomento ebbe luogo nell'autunno del 1920, nel suo grande studio al Cremlino. Lenin era seduto davanti al suo tavolo coperto di libri e di carte, che indicavano il suo genere di occupazione e il suo lavoro, ma senza ostentare « Il disordine dei geni ».

« Noi dobbiamo assolutamente creare un potente movimento femminile internazionale, fondato su una base teorica netta e precisa, — cominciò dopo avermi salutato. — È chiaro che non può aversi una buona pratica senza teoria marxista. Noi comunisti dobbiamo mantenere su tale questione i nostri principi in tutta la loro chiarezza. Dobbiamo distinguerci nettamente da tutti gli altri partiti. Disgraziatamente, il nostro II Congresso internazionale, benché la questione femminile vi sia stata sollevata, non ha trovato il tempo di prendere posizione su questo punto. La colpa è della commissione, che tira in lungo le cose. Essa deve elaborare una risoluzione, delle tesi, una linea precisa. Ma finora i suoi lavori non sono molto avanti. Voi dovete aiutarla.»

Avevo già sentito parlare di quello che ora mi diceva Lenin, e gli espressi la mia meraviglia. Ero entusiasta di tutto quello che le donne russe avevano fatto durante la rivoluzione, di tutto quello che ancora facevano per difenderla e per aiutarla a svilupparsi. Quanto alla posizione e all'attività delle donne nel partito bolscevico, mi sembrava che, da questo lato, il partito si mostrasse all'altezza del suo compito. Solo il partito bolscevico dà quadri sperimentati, preparati al movimento femminile comunista internazionale e, nello stesso tempo, serve da grande esempio storico.

« Esatto, esattissimo — osservò Lenin con un leggero sorriso. — A Pietroburgo, a Mosca, nelle città e nei centri industriali, il comportamento delle donne proletarie durante la rivoluzione fu superbo. Senza di loro, molto probabilmente non avremmo vinto. Questa è la mia opinione. Di quale coraggio hanno dato prova, e quale coraggio mostrano ancora oggi! Immaginatevi tutte le sofferenze e le privazioni che sopportano... Ma resistono bene, non si piegano, perché difendono i soviet, perché vogliono la libertà e il comunismo.

« Sì, le nostre operaie sono magnifiche, sono delle vere combattenti di classe. Esse meritano la nostra ammirazione e il nostro affetto.

«Ma non dovete dimenticare che persino le signore della "democrazia costituzionale" di Pietrogrado lottarono contro di noi con maggior coraggio degli allievi dell'Accademia militare.

« Sì, noi abbiamo nel nostro partito compagne sicure, capaci e instancabili. Possiamo affidare loro posti importanti nei soviet, nei comitati esecutivi, nei commissariati del popolo, nell'amministrazione. Molte di esse lavorano giorno e notte nel partito, o tra le masse proletarie e contadine, o nell'esercito rosso. Tutto ciò è preziosissimo per noi. Ed è importante per le donne del mondo intero, poiché testimonia delle capacità delle donne e dell'alto valore che il loro lavoro ha per la società.

« La prima dittatura del proletariato apre veramente la strada verso la completa eguaglianza sociale della donna. Sradica piti pregiudizi essa che non le montagne di scritti sull'eguaglianza femminile. E malgrado tutto ciò, noi non abbiamo ancora un movimento femminile comunista internazionale. Ma ad ogni costo bisogna arrivare a formarlo. Dobbiamo procedere subito alla sua organizzazione. Senza questo movimento, il lavoro della nostra Internazionale e delle sue sezioni sarà e rimarrà incompleto.

« Il nostro lavoro rivoluzionario deve essere condotto fino in fondo. Ma ditemi, come va il lavoro comunista all'estero? »

Gli comunicai tutte le informazioni che avevo pouto raccogliere: informazioni limitate, dati i collegamenti deboli ed irregolari che esistevano tra i partiti aderenti all'Internazionale comunista. Lenin, un pochino in avanti, ascoltava attento, senza alcun segno di noia, d'impazienza o di stanchezza. Si interessava vivamente anche ai particolari d'importanza secondaria.

Non conosco nessuno che sappia ascoltare meglio di lui, classificare così presto i fatti e coordinarli, come si poteva vedere dalle domande brevi, ma sempre molto precise, che mi rivolgeva ogni tanto mentre parlavo, e dalla maniera di ritornare poi su qualche particolare della nostra conversazione. Lenin aveva preso qualche breve appunto.

Naturalmente, io parlai soprattutto della situazione in Germania. Gli dissi che Rosa riteneva della più grande importanza conquistare alla lotta rivoluzionaria le masse femminili. Quando si formò il partito comunista, Rosa insiste perché si pubblicasse un giornale dedicato al movimento femminile. Quando Leo Jogiches[38] esaminava con me il piano di lavoro del partito, durante il nostro ultimo colloquio, trentasei ore prima che lo uccidessero, e mi affidava alcuni compiti da condurre a termine, vi comprendeva anche un piano di organizzazione per le operaie. Questa questione fu trattata già nella prima conferenza illegale del partito. Le propagandiste e le dirigenti più preparate e sperimentate che si erano distinte prima e durante 'la guerra, erano rimaste quasi tutte nei partiti socialdemocratici delle due tendenze, esercitando una grande influenza sulla massa cosciente e attiva delle operaie. Tuttavia, anche tra le donne si era formato un nucleo di

---

38 Leo Jogiches (1867-1929): fondatore del Partito Socialdemocratico Polacco.

compagne energiche e piene di abnegazione, che parteciparono a tutto il lavoro e alla lotta del nostro partito. Il partito, da parte sua, stava svolgendo un'azione metodica tra le operaie. Non era che l'inizio, ma un buon inizio.

« Non c'è male, non c'è affatto male — disse Lenin, — l'energia, lo spirito di abnegazione e l'entusiasmo delle donne comuniste, il loro coraggio e la loro intelligenza in periodo di illegalità o di semi-legalità, aprono una bella prospettiva allo sviluppo di questo lavoro. Impadronirsi delle masse ed organizzare la loro azione, ecco degli elementi preziosi per lo sviluppo e il rafforzamento del partito.

« Ma a che punto siete riguardo alla comprensione esatta delle basi di quest'azione? Come insegnate alle compagne? Questo problema ha un'importanza decisiva per il lavoro da svolgere tra le masse. Esso esercita una grande influenza perché penetra proprio nel cuore delle masse, perché le attira a noi e le infiamma. Non posso ricordarmi in questo momento chi è che ha detto: non si fa nulla di grande senza passione. Ora, noi e i lavoratori del mondo intero dobbiamo veramente compiere ancora grandi cose.

« Così, che cosa è che anima le vostre compagne, le donne proletarie della Germania? A che punto è la loro coscienza di classe, di proletarie? I loro interessi, la loro attività si rivolgono verso le rivendicazioni politiche dell'ora presente? Su che cosa si concentra la loro attenzione? «A questo proposito, ho sentito dire da compagni russa e tedeschi strane cose. Debbo dirvele. Mi è stato detto che una comunista molto qualificata pubblica ad Amburgo un giornale per le prostitute e tenta di organizzare queste donne per la lotta rivoluzionaria. Rosa ha agito da comunista scrivendo un articolo in cui prendeva la difesa delle prostitute, che sono gettate in prigione per infrazione a qualche regolamento di polizia riguardante il loro triste mestiere. Doppiamente vittime della società borghese, le prostitute meritano di essere compiante. Esse sono vittime, innanzi tutto, del maledetto sistema della proprietà, poi del maledetto moralismo ipocrita. Solo dei bruti o dei miopi possono dimenticarlo.

« Tuttavia non si tratta di considerare le prostitute come, per così dire, un settore particolare del fronte rivoluzionario e di pubblicare per esse un apposito giornale.

« Non ci sono forse in Germania delle operaie industriali da organizzare, da educare con un giornale, da trascinare nella lotta? Ecco qui una deviazione morbosa. Ciò mi ricorda molto la moda letteraria che di ogni prostituta faceva l'immagine di una dolce madonna. E' vero che anche in quel caso la "radice" era sana: la compassione sociale, l'indignazione contro l'ipocrisia virtuosa dell'onorata borghesia. Ma questa radice sana, subita la contaminazione borghese, è deperita. In genere, la prostituzione, anche nel nostro paese, porrà davanti a noi numerosi problemi di difficile soluzione. Si tratta di ricondurre la prostituta al lavoro produttivo, di assegnarle un posto nell'economia sociale; ciò che, nello stato attuale della nostra economia e nelle condizioni attuali, è una cosa complicata, difficilmente realizzabile. Ecco dunque un aspetto della questione femminile che, dopo la conquista del potere da parte del proletariato, ci si pone in tutta la sua ampiezza e esige di essere risolto. Nella Russia sovietica, questo problema ci darà ancora del filo da torcere. Ma ritorniamo al vostro caso particolare in Germania. Il partito non può in nessun caso tollerare simili atti inconsulti da parte dei suoi membri. Ciò imbroglia le cose e disgrega le nostre forze. E voi? Che cosa avete fatto per impedirlo? »

Senza attendere la mia risposta, Lenin continuò: « La lista dei vostri peccati, Clara, non è ancora terminata. Ho sentito che, nelle vostre riunioni serali dedicate alle letture e alle discussioni con le operaie, voi vi occupate soprattutto delle questioni del sesso e del matrimonio. Questo argomento sarebbe al centro delle vostre preoccupazioni, del vostro insegnamento politico e della vostra azione educativa! Non credevo alle mie orecchie.

« Il primo stato in cui s'è realizzata la dittatura proletaria è accerchiato dai controrivoluzionari di tutto il mondo. La situazione della Germania stessa esige la massima coesione di tutte le forze rivoluzionarie proletarie per respingere gli attacchi sempre più vigorosi della controrivoluzione. Ed ora, proprio ora, le comuniste attive trattano la questione dei sessi, delle forme del matrimonio nel passato, nel presente e nel futuro! Esse ritengono che il loro primo dovere sia di istruire le operaie in quest'ordine di idee. Mi si dice che l'opuscolo di una comunista viennese sulla questione sessuale abbia una larghissima diffusione. Che sciocchezza, questo opuscolo! Le poche nozioni esatte che contiene, le operaie le conoscono già da Bebel, e non già sotto la forma di uno schema arido e fastidioso, come nell'opuscolo, ma sotto la forma di una propaganda tagliente, aggressiva, piena di attacchi contro la società borghese. Le ipotesi freudiane menzionate nell'opuscolo in questione conferiscono a questo un carattere, a quel che si pretende, "scientifico", ma in fondo si tratta di un garbuglio superficiale. La stessa teoria di Freud non è oggi che un capriccio di moda. Non ho alcuna fiducia in queste teorie esposte in articoli, recensioni, opuscoli, ecc., in breve, in questa letteratura specifica che fiorisce con esuberanza sul terriccio della società borghese. Io diffido di quelli che sono costantemente e ostinatamente assorbiti dalle questioni del sesso, come il fachiro indù nella contemplazione del proprio ombelico.

« Mi sembra che questa abbondanza di teorie sessuali, che non sono in gran parte che ipotesi arbitrarie, provenga da necessità tutte personali, cioè dal bisogno di giustificare agli occhi della morale borghese la propria vita anormale o i propri istinti sessuali eccessivi e di farli tollerare.

« Questo rispetto velato per la morale borghese mi ripugna quanto questa passione per le questioni sessuali. Ha un bel rivestirsi di forme sovversive e rivoluzionarie: questa occupazione è non di meno, alla fine dei conti, puramente borghese. Ad essa si dedicano di preferenza gli intellettuali e gli altri stati della società vicini a loro. Per questo genere di occupazione non c'è posto nel partito, tra il proletariato che lotta ed ha una coscienza di classe».

Feci notare che le questioni sessuali e matrimoniali in regime di proprietà privata suscitavano problemi molteplici, che erano causa di contraddizioni e di sofferenze per le donne di tutte le classi e di tutti gli strati sociali. La guerra e le sue conseguenze, dicevo, hanno aggravato all'estremo per la donna le contraddizioni e le sofferenze che esistevano prima nei rapporti tra i sessi. I problemi, nascosti finora, sono adesso svelati agli occhi delle donne, e ciò nell'atmosfera della rivoluzione appena cominciata. Il mondo dei vecchi sentimenti, delle vecchie idee scricchiola da ogni parte. I legami sociali di una volta si indeboliscono e si spezzano. Si vedono apparire i germi di nuove primizie ideologiche, che non hanno ancora preso forma, per le relazioni tra gli uomini. L'interesse che queste questioni suscitano esprime il bisogno di un nuovo orientamento. Qui appare anche la reazione che si produce contro le deformazioni e le menzogne della società borghese. Il cambiamento delle forme matrimoniali e familiari nel corso della storia, nella loro dipendenza dell'economia, costituisce un buon mezzo per sradicare dallo spirito delle operaie la credenza nella perennità della società borghese. Fare la critica storica di questa società significa sviscerare senza pietà l'ordine borghese, mettere a nudo la sua essenza e le sue conseguenze e stigmatizzare tra l'altro la falsa morale sessuale. Tutte le

strade conducono a Roma. Ogni analisi veramente marxista riguardante una parte importante della sovrastruttura ideologica della società o un fenomeno sociale notevole deve condurre all'analisi dell'ordine borghese e della sua base, la proprietà privata; ciascuna di queste analisi deve condurre a questa conclusione: « Bisogna distruggere Cartagine ».
Lenin sorrideva e faceva cenni di approvazione.
«Molto bene. Voi avete l'aria di un avvocato che difende i suoi compagni e il suo partito. Certo, ciò che dite è giusto. Ma potrebbe servire soltanto a scusare l'errore commesso in Germania, non a giustificarlo. Un errore commesso resta un errore. Potete garantirmi seriamente che le questioni sessuali e matrimoniali non sono discusse nelle vostre riunioni che dal punto di vista del materialismo storico vitale, ben compreso? Ciò suppone conoscenze vaste, approfondite, la conoscenza marxista, chiara e precisa, di un'enorme quantità di materiali. Disponete in questo momento delle forze necessarie? Se sì, non avrebbe potuto accadere che un opuscolo, come quello di cui abbiamo parlato, fosse usato come materiale di insegnamento nelle vostre riunioni serali dedicate alle letture e alle discussioni. Quell'opuscolo lo si raccomanda e lo si diffonde, invece di criticarlo. A che cosa conduce, in fin dei conti, questo esame insufficiente e non marxista della questione? A questo: che i problemi sessuali e matrimoniali non sono visti come una parte della principale questione sociale e che, al contrario, la grande questione sociale stessa appare come una parte,

un'appendice del problema sessuale. La questione fondamentale è ricacciata in secondo piano, come cosa secondaria. Non solo ciò nuoce alla chiarezza della questione, ma oscura il pensiero in generale, la coscienza di classe delle operaie.

« Altra osservazione che non è inutile. Il saggio Salomone diceva: ogni cosa a suo tempo. Ditemi, vi prego: è proprio questo il momento di tenere occupate le operaie mesi interi per parlare loro del modo con cui si fa all'amore, o come si fa la corte presso i vari popoli, beninteso nel passato, nel presente e nel futuro? Ed è questo quello che fieramente si chiama materialismo storico! In questo momento tutti i pensieri delle operaie, delle donne lavoratrici devono essere rivolti alla rivoluzione proletaria. È essa che creerà anche una base per le nuove condizioni del matrimonio e i nuovi rapporti tra i sessi. Per ora, veramente, devono passare in primo piano altri problemi, che non quelli che riguardano le forme del matrimonio presso i Maori dell'Australia o i matrimoni contratti tra consanguinei nell'antichità.

« La storia pone oggi all'ordine del giorno del proletariato tedesco la questione dei soviet, del trattato di Versailles e della sua influenza sulla vita delle masse femminili, la questione della disoccupazione, dello svilimento dei salari, quella delle imposte, e molte altre cose. Insomma, io penso che tale modo di educazione politica e sociale delle operaie non sia affatto quello che occorre, proprio affatto. Come avete potuto tacere? Avreste dovuto servirvi della vostra autorità!»

Al mio amico che mi riprovava spiegai che non avevo perso occasione per criticare, per replicare alle compagne dirigenti, per far intendere la mia voce in luoghi diversi, ma egli doveva sapere che nessuno è profeta in patria e neppure in famiglia. Con la mia critica mi ero attirata l'accusa di restare ancora fedele alle sopravvivenze dell'ideologia socialdemocratica e dello spirito piccolo-borghese di vecchio stile. Tuttavia la mia critica aveva finito per portare i suoi frutti. Le questioni del sesso e del matrimonio non erano più al centro delle nostre discussioni nei nostri circoli e nelle nostre riunioni serali destinate alle discussioni.

Lenin continuò a sviluppare il suo pensiero.

« Lo so, lo so, — egli disse. — Molti accusano anche me di filisteismo. Ma ciò non mi turba. Gli uccellini appena usciti dall'uovo delle concezioni borghesi, si credono sempre terribilmente intelligenti. Bisogna rassegnarsi. Il movimento dei giovani è anch'esso contaminato dalla tendenza moderna e dalla predilezione smisurata per i problemi sessuali. »

Lenin calcò con ironia la parola « moderna », con aria di disapprovazione.

« Mi hanno detto che i problemi sessuali sono anche un argomento favorito delle vostre organizzazioni giovanili. Non mancano mai relatori su questo argomento. Ciò è particolarmente scandaloso, particolarmente deleterio per il movimento dei giovani. Questi argomenti possono facilmente contribuire ad eccitare, a stimolare la vita sessuale di certi individui, a distruggere la salute e la forza della giovinezza. Voi dovete lottare anche contro questa tendenza. Il movimento delle donne e quello dei giovani hanno molti punti di contatto. Le nostre donne comuniste devono fare dovunque, insieme coi giovani, un lavoro sistematico. Ciò avrà per effetto di elevarle, di trasportarle dal mondo della maternità individuale in quello della maternità sociale. È necessario contribuire ad ogni risveglio della vita sociale e dell'attività della donna, per consentirle di elevarsi al di sopra della mentalità ristretta, piccolo-borghese, individualista della sua vita domestica e familiare.

« Anche da noi, una gran parte della gioventù lavora assiduamente a rivedere la concezione borghese della "morale" nei problemi sessuali. Ed è, debbo dirlo, l'elite della nostra gioventù, quella che realmente promette molto. Come voi avete rilevato, nelle condizioni create dalla guerra e dalla rivoluzione, gli antichi valori ideologici crollano, perdono di forza. I nuovi valori non si cristallizzano che lentamente, con la lotta.

« Le concezioni sui rapporti tra l'uomo e la donna sono sconvolte, come anche i sentimenti e le idee. Si delimitano di nuovo i diritti dell'individuo e quelli della collettività e, quindi, i doveri dell'individuo. È un processo lento e spesso doloroso di deperimento e di degenerazione. Ciò è egualmente vero nel campo dei rapporti sessuali, per il matrimonio e la famiglia. La decadenza, la putrefazione, la melma del matrimonio borghese, con le sue difficoltà di scioglimento, con la libertà per il marito e la schiavitù per la moglie, la menzogna infame della morale sessuale e dei rapporti sessuali riempiono gli uomini migliori di un disgusto profondo.

« Il giogo che le leggi dello Stato borghese fanno pesare sul matrimonio e la famiglia aggrava ancora il male e rende i conflitti più acuti. È il gioco della "sacrosanta proprietà" che sanziona la venalità, la bassezza, l'oscenità. E l'ipocrisia convenzionale della società borghese "per bene" fa il resto.

« La gente comincerà a rivoltarsi contro queste deformazioni della natura. E nell'epoca in cui vacillano Stati potenti, le antiche forme di dominazione scompaiono, tutto un mondo sociale perisce, i sentimenti dell'individuo isolato si modificano rapidamente.

« Si diffonde una sete ardente di facili piaceri. Le forme del matrimonio e i rapporti tra i sessi nel senso borghese non soddisfano più. In questo campo si approssima una rivoluzione che corrisponde alla rivoluzione proletaria. Si capisce che tutta questa matassa straordinariamente intricata di questioni preoccupi profondamente tanto le donne quanto i giovani. Gli uni e le altre soffrono particolarmente dell'odierna confusione dei rapporti sessuali. La gioventù protesta contro questo stato di cose con la foga chiassosa propria dell'età. È comprensibile. Nulla sarebbe più falso che predicare alla gioventù l'ascetismo monastico e la sanità del sudiciume borghese. Ma non è bene, secondo me, che i problemi sessuali, posti in primo piano da cause naturali, divengano in questi anni la preoccupazione principale dei giovani. Le conseguenze talvolta potrebbero essere fatali.

« Nel suo nuovo atteggiamento nei riguardi delle questioni concernenti la vita sessuale, la gioventù si richiama naturalmente ai principi, alla teoria. Molti qualificano la loro posizione come "rivoluzionaria" e "comunista". Essi credono sinceramente che sia così. A noi vecchi non ce la danno a intendere. Benché io non sia affatto un asceta malinconico, questa nuova vita sessuale della gioventù, e spesso anche degli adulti, mi appare molto spesso come del tutto borghese, come uno dei molteplici aspetti di un lupanare borghese. Tutto ciò non ha nulla a che vedere con la "libertà dell'amore", così come noi comunisti la concepiamo. Voi conoscete senza dubbio la famosa teoria secondo la quale, nella società comunista, soddisfare i propri istinti sessuali e il proprio impulso amoroso è tanto semplice e tanto insignificante quanto bere un bicchier d'acqua. Questa teoria del "bicchier d'acqua" ha reso pazza la nostra gioventù, letteralmente pazza.

« Essa è stata fatale a molti giovani e a molte ragazze. I suoi sostenitori affermano che è una teoria marxista. Bel marxismo quello per cui tutti i fenomeni e tutte le modificazioni che intervengono nella sovrastruttura ideologica della società si deducono immediatamente, in linea diretta e senza alcuna riserva, unicamente dalla base economica! La cosa non è così semplice come ha l'aria di esserlo. Un certo Friedrich Engels, già da molto tempo, ha sottolineato in che consiste veramente il materialismo storico.

« Io considero la famosa teoria del "bicchier di acqua" come non marxista e antisociale per giunta. Nella vita sessuale si manifesta non solo ciò che noi deriviamo dalla natura ma anche il grado di cultura raggiunto, si tratti di cose elevate o inferiori.

« Engels, nella sua Origine della famiglia, mostra l'importanza propria dello sviluppo e dell'affinamento dell'impulso sessuale in rapporto all'individuo. I rapporti tra i sessi non sono semplicemente l'espressione del giuoco della economia sociale e del bisogno fisico, dissociati in concetti mediante un'analisi psicologica.

« La tendenza a ricondurre direttamente alla base economica della società la modificazione di questi rapporti, al di fuori della loro relazione con tutta l'ideologia, sarebbe non già marxismo, ma razionalismo. Certo, la seta deve essere tolta. Ma un uomo normale, in condizioni ugualmente normali, si butterà forse a terra nella strada per bere in una pozzanghera di acqua sporca? Oppure berrà in un bicchiere dagli orli segnati da decine di altre labbra? Ma il più importante è l'aspetto sociale. Infatti, bere dell'acqua è una faccenda personale. Ma, nell'amore, vi sono interessate due persone e può venire un terzo, un nuovo essere. È da questo fatto che sorge l'interesse sociale, il dovere verso la collettività. Come comunista, io non sento alcuna simpatia per la teoria del "bicchier d'acqua", benché porti l'etichetta del "libero amore". Per di più, oltre a non essere comunista, questa teoria non è neppure nuova. Voi vi ricordate certamente ch'essa è stata "predicata" nella letteratura romantica verso la metà del secolo passato come "emancipazione del cuore", che la pratica borghese cambiò poi in "emancipazione della carne". Allora si predicava con maggior talento d'oggi. Quanto alla pratica, non posso giudicarne.

«Io non voglio affatto, con la mia critica, predicare l'ascetismo. Sono lontanissimo da ciò. Il comunismo deve apportare non l'ascetismo, ma la gioia di vivere e il benessere fisico, dovuti anche alla pienezza dell'amore. Secondo me l'eccesso che si osserva oggi nella vita sessuale non produce né la gioia né il benessere fisico ma, al contrario, li diminuisce. Ora, in tempi rivoluzionari, ciò è male, molto male.

« La gioventù particolarmente ha bisogno della gioia di vivere e del benessere fisico. Sport, ginnastica, nuoto, escursioni, ogni sorta di esercizi fisici, variati interessi intellettuali, studi, analisi, ricerche: imparare, studiare, ricercare quanto più è possibile in comune. Tutto ciò darà alla gioventù molto di più delle teorie e delle discussioni interminabili sulla questione sessuale, sulla cosiddetta maniera di "godere la vita ".

« Mente sana in corpo sano. Né monaco né don Giovanni e nemmeno, come mezzo termine, un filisteo tedesco. Voi conoscete bene il vostro giovane compagno Huz. È un giovane perfetto, ricco di doti, ma temo che non ne venga nulla di buono. Si agita e si getta da un'avventura amorosa ad un'altra. Ciò è un male, per la lotta politica e per la rivoluzione. Io non garantirei, riguardo alla sicurezza e alla fermezza nella lotta, delle donne il cui romanzo personale si intreccia con la politica, né degli uomini che corrono dietro ad ogni gonnella e si lasciano incantare dalla prima ragazza. No, questo non è compatibile con la rivoluzione. »

Lenin si alzò bruscamente, batté la mano sul tavolo e fece qualche passo nella camera.

« La rivoluzione esige concentrazione, tensione delle forze. Dalle masse e dagli individui. Essa non può tollerare stati orgiastici, del genere di quelli propri delle eroine e degli eroi decadenti di D'Annunzio. Gli eccessi nella vita sessuale sono un segno di decadenza borghese. Il proletariato è una classe che sale. Non ha bisogno di inebriarsi, di stordirsi, di eccitarsi. Non chiede di ubriacarsi né con eccessi sessuali né con alcool. Non deve dimenticare e non dimenticherà la bassezza, il. fango e la barbarie del capitalismo. Attinge i suoi maggiori impulsi alla lotta dalla situazione della sua classe e dall'ideale comunista. Ciò che gli è necessario è la chiarezza ed ancora una volta la chiarezza. Così, lo ripeto, niente debolezza, niente sciupio o distruzione di forze. Dominarsi, disciplinare i propri atti non è schiavitù, neanche in amore.

« Ma scusatemi, Clara, mi sono molto allontanato dal punto di partenza della nostra conversazione. Perché non mi avete richiamato all'ordine? Mi sono lasciato trasportare dalla foga. L'avvenire della nostra gioventù mi preoccupa molto. La gioventù è una parte della rivoluzione. Ora, se le influenze nocive della società borghese cominciano a raggiungere anche il mondo della rivoluzione, come le radici largamente ramificate di certe erbacce, è meglio reagire in tempo. Tanto più che tali questioni fanno anche parte del problema femminile.»

Lenin aveva parlato con molta vivacità e convinzione. Sentivo che ognuna delle sue parole gli veniva dal fondo del cuore; l'espressione del suo viso ne era la prova. Un movimento energico della mano sottolineava talvolta il suo pensiero. Ciò che mi colpiva era di vedere Lenin porre una così grande attenzione, oltre che ai problemi politici più urgenti e gravi, alle questioni secondarie e analizzarle con tanta cura, non limitandosi a ciò che riguardava la Russia sovietica, ma occupandosi anche dei paesi capitalistici. Da perfetto marxista, Lenin affrontava il problema con spirito pratico, sotto qualsiasi forma si manifestasse, e ne valutava l'importanza in rapporto al generale, al tutto. La sua volontà, la sua aspirazione vitale, la sua energia, irresistibile come una forza della natura, erano tutte dirette ad accelerare l'attività delle masse per la rivoluzione. Lenin valutava ogni fenomeno dal punto di vista dell'influenza che può esercitare sulle forze, nazionali ed internazionali, con una coscienza sviluppata, capace di dirigere la rivoluzione, poiché vedeva sempre davanti a sé, tenendo pienamente conto della particolarità storica nei differenti paesi e delle diverse tappe nel loro sviluppo, una sola ed indivisibile rivoluzione proletaria mondiale.

« Come rimpiango, compagno Lenin — esclamai — che centinaia e migliaia di persone non abbiano sentito le vostre parole. Per me, lo sapete bene, non avete bisogno di convincermi. Ma sarebbe estremamente importante che la vostra opinione fosse conosciuta dai vostri amici come dai vostri nemici. »

Lenin sorrise.

« Un giorno forse pronuncerò un discorso o scriverò su questo argomento. Non ora, più tardi. Oggi dobbiamo concentrare tutto il nostro tempo e tutte le nostre forze su altre questioni. Per ora abbiamo altri problemi più gravi e più ardui. La lotta per il mantenimento e il consolidamento del potere sovietico è ancora molto lontana dall'essere terminata. Dobbiamo ancora trarre i migliori vantaggi possibili dalla guerra con la Polonia. Wrangel[39] è sempre nel sud. Ho la ferma convinzione, è vero, che la spunteremo; il che darà da riflettere agli imperialisti francesi e inglesi e ai loro piccoli vassalli. Ma la parte più difficile del nostro lavoro, la ricostruzione, resta ancora da compiere.

« Attraverso questo processo acquisteranno importanza la questione dei rapporti tra i sessi e la questione del matrimonio e della famiglia diverranno problemi correnti.

---

39 Piotr Nicolaevic Wrangler (1878-1829): generale zarista e ufficiale dell'esercito contro-rivoluzionario del Don.

Nell'attesa, voi dovete lottare sempre e dovunque. Non dovete permettere che tali questioni siano trattate non marxisticamente, che creino un terreno favorevole per deviazioni e deformazioni dannose. Ed ora vengo al vostro lavoro. »

Lenin guardò l'ora.

« Il tempo di cui disponevo — egli disse — è passato per metà. Ho parlato troppo. Mettete per iscritto le vostre proposte per il lavoro comunista tra le donne. Conoscono i vostri principi e la vostra esperienza: la nostra conversazione perciò sarà breve. Al lavoro dunque!... Quali sono i vostri progetti? »

Glieli esposi. Mentre parlavo Lenin fece più volte cenni di approvazione. Quando terminai lo guardai con aria interrogativa.

« D'accordo — disse Lenin. — Discutetene con Zinoviev[40]. Sarebbe bene se poteste discuterne anche in una riunione di dirigenti comuniste. Peccato, peccato veramente che la compagna Ines[41] non sia qui. È malata è dovuta andare nel Caucaso. Dopo la discussione mettete le proposte per iscritto. Una commissione le esaminerà e quindi l'Esecutivo deciderà. Desidero solo chiarire alcuni punti su cui condivido la vostra opinione. Mi sembrano importanti per il nostro attuale

---

40 Grigorii Zinoviev (1883-1936): rivoluzionario bolscevico, membro de Comitato Centrale del PCUS, divenne oppositore di Stalin e venne eliminato durante le Purghe.

41 Ines Armand (1875-1920): bolscevica e collaboratrice di Lenin, si occupò dell'organizzazione delle operaie.

lavoro di agitazione e propaganda, se questo lavoro deve veramente portarci all'azione e a una lotta coronata da successo. Le tesi devono mettere bene in luce che soltanto attraverso il comunismo si realizzerà la vera libertà della donna. Bisogna sottolineare i legami indissolubili che esistono tra la posizione sociale e quella umana della donna: questo servirà a tracciare una linea chiara e indelebile di distinzione tra la nostra politica e il femminismo. Questo punto sarà anche la base su cui trattare il problema della donna come parte della questione sociale, come problema che tocca i lavoratori, per collegarlo solidamente con la lotta di classe del proletariato. Il movimento comunista femminile deve essere un movimento di massa, una parte del movimento generale di massa, non solo del proletariato, ma di tutti gli sfruttati e di tutti gli oppressi, di tutte le vittime del capitalismo e di ogni altra forma di schiavitù. In ciò sta il suo significato nel quadro delle lotte di classe del proletariato e della sua creazione storica: la società comunista.

« Noi possiamo a buon diritto essere fieri di avere nel partito e nell'Internazionale il fiore delle donne rivoluzionarie. Ma non basta. Noi dobbiamo attrarre nel nostro campo i milioni di donne lavoratrici delle città e dei villaggi. Dobbiamo attrarle dalla nostra parte perché contribuiscano alle nostre lotte e particolarmente alla trasformazione comunista della società. Senza le donne non può esistere un vero movimento di massa. Le nostre concezioni ideologiche comportano problemi organizzativi specifici. Nessuna organizzazione particolare per le donne. Una donna comunista è membro del partito non meno di un uomo comunista. Non deve esserci al riguardo un'impostazione particolare. Tuttavia non dobbiamo nasconderci che il partito deve avere enti, gruppi di lavoro, commissioni, comitati, uffici o quel che più piacerà, con il compito specifico di risvegliare le masse femminili, di mantenere con esse i contatti e di influenzarle. Il che, è ovvio, esige un lavoro sistematico.

« Noi dobbiamo educare le donne che guadagneremo alla nostra causa e renderle capaci di partecipare alla lotta di classe del proletariato sotto la guida del partito comunista. Non mi riferisco soltanto alle donne proletarie che lavorano in fabbrica o in casa. Anche le contadine povere, le piccole borghesi sono vittime del capitalismo e lo sono in misura ancora maggiore dallo scoppio della guerra. La mentalità antipolitica, antisociale, retriva di queste donne, l'isolamento a cui le costringe la loro attività, tutto il loro modo di vivere: questi sono i fatti che sarebbe assurdo, assolutamente assurdo, trascurare. Abbiamo bisogno di organismi appropriati per condurre il lavoro tra le donne. Questo non è femminismo: è la via pratica, rivoluzionaria. »

Dissi a Lenin che le sue parole mi davano coraggio: molti compagni, e buoni compagni per giunta, si opponevano decisivamente all'idea che il partito costituisse organizzazioni particolari per il lavoro tra le donne. Essi la scartavano come femminismo e come ritorno alle tradizioni socialdemocratiche e sostenevano che i partiti comunisti, accordando per principio parità di diritti a uomini e donne, dovessero lavorare senza far differenze di sorta tra le masse lavoratrici. Le donne devono essere ammesse nelle nostre organizzazioni come gli uomini e senza alcuna distinzione. Ogni discriminazione nell'agitazione come nell'organizzazione, dettata dalle circostanze descritte da Lenin, era bollata di opportunismo, considerata da coloro che si opponevano come una capitolazione e un tradimento.

« Questa non è né una novità né una prova — disse Lenin — e voi non dovete lasciarvi sviare. Perché non abbiamo mai avuto nel partito un numero eguale di uomini e donne, neanche nella repubblica sovietica? Perché è cosi esiguo il numero delle donne lavoratrici iscritte nei sindacati? I fatti debbono indurci a riflettere. Riconoscere la necessità di organizzazioni differenziate per il nostro lavoro tra le masse femminili significa avere una concezione non diversa da quella dei nostri più radicali e altamente morali amici del Partito comunista operaio secondo i quali dovrebbe esistere un'unica forma organizzativa: i sindacati operai. Li conosco. Molti rivoluzionari affetti da confusionismo si richiamano ai principi "quando mancano d' idee", cioè quando la loro intelligenza è chiusa ai fatti puri e semplici, ai fatti che vanno tenuti in considerazione. Ma come possono i custodi del "principio puro" adattare le loro idee alle esigenze della politica rivoluzionaria che il momento storico comporta? Tutte quelle chiacchiere vanno in fumo di fronte alle necessità inesorabili. Soltanto se milioni di donne sono con noi possiamo esercitare la dittatura del proletariato, possiamo costruire seguendo direttrici comuniste. Dobbiamo trovare la maniera di raggiungerle, dobbiamo studiare per trovare questa maniera. Perciò è giusto formulare rivendicazioni a favore delle donne: non si tratta già di un programma minimo, di un programma di riforme nel senso dei socialdemocratici della II Internazionale. Non è un riconoscimento dell'eternità o per lo meno della lunga durata del potere della borghesia e della sua forma statale. Non è un tentativo di appagare le donne con delle riforme e fuorviarle dal cammino della lotta rivoluzionaria. Non si tratta né di questo né di altri trucchi riformisti. Le nostre esigenze si spiegano con le conclusioni pratiche che abbiamo tirato dalle necessità pressanti, dalla vergognosa umiliazione della donna e dai privilegi dell'uomo.

« Noi odiamo, sì, odiamo tutto ciò che tortura e opprime la donna lavoratrice, la massaia, la contadina, la moglie del piccolo commerciante e, in molti casi, la donna delle classi possidenti. Noi rivendichiamo dalla società borghese una legislazione sociale a favore della donna perché della donna noi comprendiamo la situazione e gli interessi ai quali dedicheremo le nostre cure durante la dittatura del proletariato. Naturalmente non come fanno i riformisti, non facendo uso di blande parole per convincere le donne a starsene inattive, non tenendole alla briglia. No, naturalmente no, ma, come si conviene a rivoluzionari, chiamandole a lavorare da pari a pari per trasformare la vecchia economia e la vecchia ideologia. »

Assicurai Lenin che condividevo le sue idee, le quali, però, avrebbero certamente incontrato resistenza e sarebbero state giudicate come opportunismo pericoloso da elementi incerti e pavidi. Né si poteva d'altronde negare che le nostre rivendicazioni immediate in favore delle donne avrebbero potuto essere interpretate ed espresse male.

« Sciocchezze! — rispose Lenin quasi in collera. — Questo pericolo è insito in tutto ciò che diciamo e facciamo. Se questo timore dovesse distoglierci dal fare quel che è giusto e necessario, tanto varrebbe diventare stiliti indiani. Non muovetevi, non muovetevi! Contempliamo i nostri principi dall'alto di una colonna! Naturalmente, ci preoccupiamo non solo del contenuto delle nostre rivendicazioni, ma anche del modo come le formuliamo. Naturalmente non formuleremo de nostre rivendicazioni per le donne come se contassimo meccanicamente i grani del nostro rosario. No, secondo le esigenze del momento, lotteremo ora per questo obiettivo ora per quello. E, naturalmente, tenendo sempre presenti gli interessi generali del proletariato.

« Ciascuna di queste lotte ci schiera contro i rispettabili rapporti borghesi e i loro non meno rispettabili ammiratori riformisti, che noi costringeremo a lottare al nostro fianco, sotto la nostra bandiera, il che essi non vogliono, o denunceremo per quello che sono. In altri termini, la lotta mette in luce le differenze tra noi e gli altri partiti, mette in luce il nostro comunismo. Ci assicura la fiducia delle masse femminili che si sentono sfruttate, asservite, oppresse dall'uomo, dal datore di lavoro, da rutta la società borghese. Tradite e abbandonate da tutti, le lavoratrici riconosceranno che devono lottare al nostro fianco. Occorre che vi ricordi di nuovo che le lotte per le nostre rivendicazioni a favore delle donne devono essere legate alla finalità di impadronirsi del potere e di realizzare la dittatura del proletariato? Questo è oggi il nostro obiettivo fondamentale. Ma non basta semplicemente formularlo di continuo, come se suonassimo le trombe di Gerico, perché le donne si sentano attratte irresistibilmente alla nostra lotta per il potere statale. No, no! Le donne devono acquistare coscienza del legame politico che esiste tra le nostre rivendicazioni e le loro sofferenze, i loro bisogni, le loro aspirazioni. Devono comprendere quello che vuol dire per loro la dittatura del proletariato: completa eguaglianza con l'uomo di fronte alla legge e nella pratica, nella famiglia, nello Stato, nella società; la fine del potere della borghesia. »

« La Russia sovietica ne è una prova », interruppi.

« Questo grande esempio ci servirà per insegnare — continuò Lenin. — La Russia sovietica pone le nostre rivendicazioni a favore delle donne in una nuova luce. Sotto la dittatura del proletariato queste rivendicazioni non sono oggetto di lotta tra il proletariato e la borghesia. Esse appartengono alla struttura della società comunista, esse indicano alle donne degli altri paesi l'impor tanza decisiva della presa del potere da parte del proletariato. Bisogna che la differenza sia decisamente sottolineata affinché alla lotta di classe del proletariato partecipino le donne.

« Legarle alla nostra causa per mezzo di una chiara comprensione e di una solida base organizzativa è essenziale per i partiti comunisti e per il loro trionfo. Ma non lasciamoci ingannare. Le nostre sezioni nazionali non hanno ancora una visione chiara del problema. Se ne stanno inerti mentre incombe il compito di creare un movimento di massa sotto la direzione dei comunisti. Non comprendono che lo sviluppo e l'organizzazione di un movimento di massa è una parte importante di tutta l'attività del partito, è, in realtà, una Buona metà dell' intero lavoro del partito. Il riconoscimento occasionale della necessità e del valore di un movimento comunista forte e bene diretto è un riconoscimento a parole, platonico, non un impegno e una preoccupazione costante del partito.

« Il lavoro di agitazione e propaganda tra le donne, la diffusione dello spirito rivoluzionario tra di loro, vengono considerati come questioni occasionali, come faccende che riguardano unicamente le compagne. Soltanto alle compagne si rivolgono i rimproveri se il lavoro in questa direzione non procede più speditamente ed energicamente. Ciò è male, assai male. É separatismo bello e buono, è femminismo à rebours, come dicono i francesi, femminismo alla rovescia! Cosa c'è alla base di questo atteggiamento sbagliato delle nostre sezioni nazionali? In ultima analisi non si tratta altro che di una sottovalutazione della donna e del suo lavoro. Proprio così! Disgraziatamente si può ancora dire di molti compagni: "Gratta un comunista e troverai un filisteo!". Evidentemente dovete grattare il punto sensibile: la loro concezione della donna. Può esserci prova più riprovevole della calma acquiescenza degli uomini di fronte al fatto che le donne si consumano nel lavoro umiliante, monotono della casa, sciupano, sperperano energia e tempo, acquistano una mentalità meschina e ristretta, perdono ogni sensibilità, ogni volontà? Naturalmente non alludo alle donne della borghesia che scaricano sulla servitù la responsabilità di tutto il lavoro della casa, compreso l'allevamento dei bambini. Mi riferisco alla schiacciante maggioranza delle donne, alle mogli dei lavoratori e a quelle che passano le giornate in un'officina. Pochissimi uomini — anche tra i proletari — si rendono conto della fatica e della pena che potrebbero risparmiare alla donna se dessero una mano "al lavoro della donna". Ma no, ciò è contrario ai "diritti e alla dignità dell'uomo": essi vogliono pace e comodità. La vita domestica di una donna costituisce un sacrificio quotidiano fatto di mille nonnulla. "La vecchia supremazia dell'uomo sopravvive in segreto. La gioia dell'uomo e la sua tenacia nella lotta diminuiscono di fronte all'arretratezza della donna, di fronte alta sua incomprensione degli ideali rivoluzionari: arretratezza e incomprensione che come tarli, nascostamente, lentamente ma senza scampo rodono e corrodono. Conosco la vita dei lavoratori non dai libri soltanto. Il nostro lavoro di comunisti tra le donne, il nostro lavoro politico, comporta una buona dose di lavoro educativo tra gli uomini. Dobbiamo sradicarla del tutto la vecchia idea del "padrone"! Nel partito e tra le masse. È un nostro compito politico non meno importante del compito urgente e necessario di creare un nucleo direttivo di uomini e donne, ben preparati teoricamente e praticamente per svolgere tra le donne un'attività di partito.»

Alla mia domanda sulla situazione nella Russia sovietica circa questo problema Lenin rispose: «Il governo della dittatura del proletariato, insieme con il partito comunista e i sindacati, non lascia naturalmente nulla di intentato nello sforzo di eliminare l'arretratezza degli uomini e delle donne, di distruggere la vecchia mentalità non comunista. La legge naturalmente stabilisce la completa parità di diritti tra uomini e donne. E il sincero desiderio di tradurla in atto esiste ovunque. Noi inseriamo la donna nell'economia sociale, nel potere legislativo e nel governo. Le apriamo le porte dei nostri istituti educativi perché possa accrescere la sua capacità professionale e sociale. Creiamo cucine comunali e mense, lavanderie, laboratori, nidi e giardini d'infanzia, case per bambini, istituti educativi d'ogni specie.

« In breve, stiamo seriamente attuando il nostro programma di trasferire alla società le funzioni educative ed economiche del nucleo familiare. Questo significa per la donna la liberazione dalla vecchia fatica massacrante della casa e dallo stato di soggezione all'uomo. Le permetterà di sviluppare in pieno il suo ingegno e le sue inclinazioni. I bambini vengono allevati meglio che a casa loro. Per le lavoratrici abbiamo le leggi protettive più avanzate del mondo, e i dirigenti delle organizzazioni sindacali le traducono in pratica. Stiamo costruendo istituti di maternità, case per donne e bambini, cliniche per donne; organizziamo corsi di puericultura e mostre per insegnare alle donne a prender cura di se stesse e dei propri bambini, ecc.; facciamo seri sforzi per provvedere alle donne disoccupate e senza appoggio.

« Ci rendiamo perfettamente conto che tutto questo è insufficiente di fronte ai bisogni delle lavoratrici, è insufficiente di fronte alle condizioni esistenti nella Russia capitalista e zarista. Ma è già molto in paragone ai paesi dove impera ancora il capitalismo. È un buon inizio nella giusta direzione e in questa direzione continueremo a procedere con tutta la nostra energia, siatene certa. Ogni giorno di esistenza dello Stato sovietico dimostra infatti che non possiamo andare avanti senza le donne. Pensate cosa significhi in un paese in cui i contadini sono circa l'80 per cento della popolazione! Piccola economia contadina significa piccoli nuclei familiari separati, con le donne incatenate a questo sistema. Per voi, da questo punto di vista, il compito sarà più facile e meglio realizzabile, a condizione che le vostre donne proletarie sappiano cogliere il momento storico obiettivo per prendere il potere, per la rivoluzione. Noi non disperiamo. La nostra forza cresce con le difficoltà. La forza delle cose ci spingerà a cercare nuove misure per liberare le masse femminili. La cooperazione in regime sovietico, farà molto. Cooperazione nel senso comunista e non borghese, naturalmente, non come la predicano i riformisti, il cui entusiasmo tutt'altro che rivoluzionario non è che un fuoco di paglia. L'iniziativa individuale deve procedere di pari passo con ila cooperazione, la quale deve crescere e fondersi con l'attività delle comuni. Sotto la dittatura del proletariato la liberazione della donna si realizzerà attraverso lo sviluppo del comunismo anche nei villaggi. Ho grandi speranze sulla elettrificazione dell'industria e dell'agricoltura. Un lavoro immenso! E le difficoltà per tradurlo in pratica sono grandi, immense! Per compierlo bisogna ridestare le energie delle masse. E le energie di milioni di donne ci aiuteranno ».

Negli ultimi dieci minuti avevano bussato due volte alla porta, ma Lenin aveva continuato a parlare. A questo punto aprì la porta dicendo: « Vengo subito ». Poi, rivolta a me, soggiunse ridendo: « Sapete, Clara, mi giustificherò spiegando che ero con una donna. Mi scuserò del ritardo alludendo alla nota volubilità femminile. Infatti questa volta è stato l'uomo e non la donna a parlare tanto. Posso, del resto, testimoniare che sapete ascoltare con serietà. Forse è questo che ha stimolato la mia eloquenza ». Così scherzando mi aiutò a infilare il soprabito: « Dovete vestirvi più pesante — disse seriamente — Mosca non è Stoccarda. Dovete avere cura à\ voi. Non prendete freddo. Auf Wiedersehen! ». Mi strinse cordialmente la mano.

Due settimane dopo ebbi con Lenin un altro colloquio sul movimento femminile. Lenin era venuto a trovarmi. Come al solito la sua visita fu inattesa, fu una sosta improvvisa nel mezzo del lavoro schiacciante che doveva poi abbattere il capo della rivoluzione vittoriosa. Lenin appariva molto stanco e preoccupato. La sconfitta di Wrangel non era ancora sicura e il problema di rifornire le grandi città si ergeva di fronte al governo sovietico come una sfinge inesorabile. Lenin si informò sulle direttive o tesi. Gli dissi che tutte le compagne dirigenti che si trovavano a Mosca si erano riunite e avevano esposto le loro opinioni. Le loro proposte venivano ora esaminate da una commissione ridotta. Lenin si raccomandò di non dimenticare che il III Congresso mondiale avrebbe trattato la questione con tutta l'attenzione necessaria. « Questo solo fatto avrà ragione di molti pregiudizi delle compagne. Per il resto le compagne debbono mettersi al lavoro e lavorar sodo. Non mormorando a fior di labbra come vecchie zie, ma parlando ad alta voce, chiaramente, da combattenti — esclamò Lenin con foga. — Un congresso non è un salotto dove le donne scintillano con la loro grazia, come dicono i romanzi. È l'arena dove impariamo ad agire da rivoluzionari. Dimostrate di saper lottare. Prima di tutto contro il nemico, naturalmente, ma, se è necessario, anche in seno al partito. Abbiamo a che fare con milioni di donne. Il nostro partito russo sarà favorevole, a tutte le proposte e misure che contribuiranno ad attirarle nel nostro movimento. Se non sono con noi, la controrivoluzione potrebbe condurle contro di noi. Dobbiamo sempre pensare a questo. Dobbiamo conquistare le masse femminili quali che siano le difficoltà. »

Qui, nel mezzo della rivoluzione, in quel rigoglio di attività, in quel rapido e forte ritmo di vita, avevo elaborato un piano d'azione internazionale tra le masse delle lavoratrici.

« L'idea mi è stata data dai vostri grandiosi congressi e riunioni di donne senza partito. Trasporteremo quest'idea dal piano nazionale a quello internazionale. È innegabile che la guerra mondiale e le sue conseguenze hanno colpito profondamente tutte le donne dei vari ceti e classi sociali. Esse hanno vissuto un periodo di fermento e di attività. Il problema che le assilla oggi è di conservarsi in vita. Come vivere? La maggior parte di esse non aveva mai pensato che si potesse giungere a questo punto e solo poche hanno compreso il perché. La società borghese non può dare una risposta soddisfacente a questi problemi. Solo il comunismo può farlo. Dobbiamo portare le donne dei paesi capitalisti a comprendere questo fatto e per questo appunto organizzeremo un congresso internazionale delle donne senza distinzione di partito. »

Lenin non rispose subito. Con lo sguardo fisso, profondamente assorto, le labbra compresse, il labbro inferiore leggermente sporgente, pesava la mia proposta. Poi disse:

« Sì, dobbiamo farlo. È un buon piano. Ma i buoni piani, anche i migliori, non valgono nulla se non sono attuati bene.

Avete pensato come attuarlo? Qual è il vostro punto di vista sulla questione? ».

Esposi a Lenin i particolari. Per prima cosa si doveva costituire un comitato di compagne dei vari paesi che avrebbe dovuto mantenere stretti contatti con le sezioni nazionali e preparare, elaborare, indire il congresso. Rimaneva da decidere se per ragioni di opportunità il comitato avrebbe cominciato a lavorare subito ufficialmente e pubblicamente. Comunque, i suoi membri per prima cosa dovevano mettersi in contatto con le dirigenti dei movimenti sindacali e politici, delle organizzazioni borghesi femminili d'ogni specie (dottoresse, giornaliste, insegnanti, ecc., incluse) e costituire in ogni paese un comitato nazionale organizzativo apartitico.

Il comitato internazionale, composto da membri dei comitati nazionali, avrebbe stabilito il tempo, il luogo e il programma dei lavori del congresso.

Il congresso, secondo me, avrebbe dovuto per prima cosa trattare il diritto delle donne al lavoro professionale. In questo punto si sarebbero inserite le questioni della disoccupazione, dell'eguale salario per eguale lavoro, della giornata legale di otto ore, della legislazione protettiva della donna, del sindacato e delle organizzazioni professionali, delle previdenze sociali per la madre e il bambino, delle istituzioni sociali per aiutare la donna di casa e la madre, ecc. L'ordine del giorno avrebbe dovuto includere il seguente tema: « La situazione della donna nel diritto matrimoniale e familiare e nel diritto pubblico politico ». Una volta elaborate queste proposte, suggerivo che i comitati nazionali conducessero tra le donne attive e lavoratrici di tutti gli strati sociali una campagna sistematica, a mezzo della stampa e dei comizi, per preparare il congresso e assicurargli la presenza e la cooperazione delle rappresentanti di tutte le organizzazioni con le quali si erano presi contatti e anche delle delegazioni di pubblici comizi di donne.

Il congresso avrebbe dovuto essere una « rappresentanza del popolo », ma ben diversa dal parlamento.

Naturalmente le donne comuniste dovevano essere non soltanto la forza motrice ma anche la forza direttiva del lavoro di preparazione, nelle attività del comitato internazionale e nel congresso stesso e, infine, nell'applicazione delle decisioni. Al congresso si dovevano presentare, su tutti i punti all'ordine del giorno, tesi e risoluzioni comuniste informate a princìpi unici e basate sull'esame scientifico delle condizioni esistenti. Queste tesi sarebbero state poi discusse ed approvate dall'Esecutivo dell'Internazionale. Parole d'ordine comuniste é proposte comuniste dovevano essere al centro dei lavori del congresso, richiamando l'attenzione generale. Dopo il congresso queste stesse parole d'ordine sarebbero state diffuse tra le più vaste masse femminili per stimolare un'azione internazionale di massa da parte delle donne.

La condizione indispensabile per svolgere un buon lavoro nei comitati e al congresso era, per le donne comuniste, di mantenersi saldamente unite, di lavorare collettivamente e sistematicamente su principi chiari e ben determinati. Nessuna comunista doveva uscire dalla linea tracciata. Mentre parlavo Lenin approvava con cenni del capo o pronunciava brevi commenti di consenso.

« Mi pare, cara compagna — egli disse — che avete studiato molto bene l'aspetto politico della faccenda e anche i problemi organizzativi fondamentali. Sono fermamente convinto che in questo momento un simile congresso può svolgere un lavoro molto importante. Può conquistare alla nostra causa larghe masse di donne: masse di professioniste, di lavoratrici dell'industria, di massaie, di insegnanti e altre ancora. Bene, molto bene. Pensate: in caso di gravi dissensi tra i gruppi industriali o di scioperi politici, quale aumento di forza rappresenta per il proletariato rivoluzionario l'apporto di donne che si ribellano coscientemente. Naturalmente tutto ciò avverrà se sapremo attrarle e mantenerle nel nostro movimento.
Il vantaggio sarà grande, immenso. Ma ci sono alcune questioni. È verosimile che le autorità governative non vedranno di buon occhio i lavori del congresso, che tenteranno di impedirlo. Non credo che cercheranno di soffocarlo con mezzi brutali. Quel che faranno non vi dovrà spaventare. Ma non temete che nei comitati e nel congresso le comuniste si faranno controllare dalla maggioranza numerica degli elementi borghesi e riformisti e dalla forza innegabile della loro routine? E finalmente e soprattutto

avete realmente fiducia nella preparazione marxista delle nostre compagne a tal punto da farne un plotone d'assalto che uscirà dalla lotta con onore? »
Risposi che indubbiamente le autorità non avrebbero fatto ricorso alla violenza contro il congresso. Espedienti e misure brutali avrebbero solo servito a far propaganda per il congresso stesso. Il numero e il peso degli elementi non comunisti sarebbe stato affrontato da noi comuniste con la forza superiore che ci derivava da una comprensione e da una delucidazione scientifica dei problemi sociali alla luce del materialismo storico, dalla coerenza delle nostre rivendicazioni e proposte e, infine, ultimo ma non meno importante, dalla vittoria della rivoluzione proletaria in Russia e dalla sua azione d'avanguardia per la liberazione della donna. Le debolezze e le deficienze delle singole compagne per quanto riguardava la loro educazione e la loro capacità di comprendere le situazioni, potevano essere superate con il lavoro collettivo e la preparazione sistematica. Mi attendo molto dalle compagne russe che dovranno essere il centro d'acciaio della nostra falange. Con esse oserei assai più che lotte congressuali. Inoltre, anche se fossimo state battute dal voto, la nostra stessa lotta avrebbe spinto il comunismo in primo piano, con un eccellente risultato propagandistico e avrebbe servito a creare nuovi legami per il nostro lavoro futuro.
Lenin rise di cuore: « Sempre lo stesso entusiasmo per le donne rivoluzionarie russe! Sì, sì, il vecchio amore non è

ancora spento. E credo che avete ragione. Anche la sconfitta dopo una buona lotta segnerebbe un vantaggio e una preparazione a successi futuri tra le lavoratrici, tutto considerato, vale la pena di rischiare. Tuttavia, naturalmente, io spero con tutto il cuore nella vittoria. Sarebbe un importante contributo di forze, un grande sviluppo e rafforzamento del nostro fronte, apporterebbe nuova vita, movimento e attività nelle nostro file. E ciò è sempre utile. Inoltre il congresso provocherebbe e accrescerebbe l'inquietudine, le incertezze, le ostilità e gli urti nel campo della borghesia e dei suoi amici riformisti. Immaginate i tipi che s'incontreranno con le "iene della rivoluzione" e — se tutto andrà bene — dovranno porsi sotto la loro guida: placide e bennate socialdemocratiche del campo di Scheidemann, Dittmann e Legien, pie cristiane benedette dal papa o ligie al verbo di Lutero, figlie di consiglieri privati, consigliere governative appena sfornate, pacifiste inglesi di illustre casato e femministe francesi. Che quadro del caos e della decadenza della borghesia offrirà questo congresso. Che riflesso della sua futilità e nullità! Un simile congresso accelererà la disintegrazione delle forze controrivoluzionarie e perciò le indebolirà. Ogni indebolimento delle forze del nemico rappresenta al tempo stesso un rafforzamento del nostro potere. Approvo il congresso...».

...Disgraziatamente il congresso andò a monte a causa dell'atteggiamento delle compagne tedesche e bulgare che a quel tempo costituivano il miglior movimento femminile comunista al di fuori della Russia. Esse respinsero la proposta di organizzare il congresso. Quando lo dissi a Lenin, esclamò: « Peccato, un vero peccato! Le compagne si sono lasciate sfuggire una brillante occasione di aprire uno spiraglio di speranza alle masse lavoratrici e di portarle nella lotta rivoluzionaria della classe operaia. Chi sa quando si ripresenterà un'occasione cosi favorevole? Bisogna battere il ferro mentre è caldo. Il compito resta. Dovete trovare il modo di raggiungere le donne che il capitalismo ha gettato nella miseria più spaventosa. Dovete trovarlo, dovete. Non ci si può sottrarre a questa necessità. Senza un'attività organizzata di massa sotto la direzione dei comunisti non ci può essere vittoria sul capitalismo né edificazione del comunismo. Ecco perché le donne finiranno col ribellarsi...»[42].

---

42 Fonte: https://www.marxists.org/italiano/zetkin/lenin.htm

Per una bibliografia leniniana

La bibliografia su e di Lenin è sterminata.
Testi online di Lenin, in traduzione italiana, sono reperibili: su *Marxists Internet Archive - MIA/Sezione italiana*[43], e su *Resistenze.org*[44] ecc_.

In questa nota ci limitiamo a indicare alcuni titoli, provenienti dalla *Casa dei Libri/Biblioteca OpenHouse*[45]. Altre indicazioni bibliografiche negli articoli dei diversi autori di questo libro.

Il numero finale tra parentesi quadre si riferisce al numero d'inventario della Biblioteca.

Su Lenin
Il giovane Lenin : la giovinezza di Lenin raccontata da un compagno di lotta / Lev Trotskij ; traduzione di Alberto Pescetto ; prefazione di Livio Maitan. - Milano : Arnoldo Mondadori, 1971. - 262 p., [IV] : br. ; 18,5 cm. - (Oscar Mondadori ; L29). - [18303]

---

43 https://www.marxists.org/italiano/lenin/index.htm
44 https://www.resistenze.org/sito/re00.htm
45 https://www.girodivite.it/La-Biblioteca-di-OpenHouse.html

Lenin / Ferdinando Antonio Ossendowski ; traduzione dall'originale polacco e introduzione di Leonardo Kociemski. - Milano : edizioni Corbaccio, 1929. - 670 p., [IV], ril. ; 22,5 cm. - [19868]

Lenin : La vita e la rivoluzione / Victor Sebestyen ; traduzione di Chicca Galli e Roberta Zupper. - Milano . RCS MediaGroup, 2019. - 570 p., [6] : br. ; 21,5 cm. - (Dittature e totalitarismi nella storia ; 3). - Tit.orig.: Lenin the dictator. An intimate portrait. - [21497]

Lenin teorico e dirigente rivoluzionario. - Roma : Critica Marxista, 1970. - 322 p., [2] : br. ; 20,8 cm. - (Critica Marxista Quaderni ; 4). - [17633]

Vita di Lenin : volume primo / Louis Fischer ; traduzione di Guido Russo. - Milano : Arnoldo Mondadori, 1973. - 519 p., [IX], br. ; 18,5 cm. - (Gli Oscar ; 1). - [18284]

Vita di Lenin : volume secondo / Louis Fischer ; traduzione di Guido Russo. - Milano : Arnoldo Mondadori, 1973. - 523-1013 p., [XIII], br. ; 18,5 cm. - (Gli Oscar ; 2). - Tit.orig.: The life of Lenin. - [18285]

Lenin : l'uomo che ha cambiato la storia del 900 / Hélène Carrère d'Encausse ; traduzione di Alberto Di Bello ; consulenza linguistica di Serena Daniele. - Roma : Gruppo editoriale L'Espresso, Divisione Repubblica, 2006. - 496 p., ril. ; 22,5 cm. - (La Biblioteca di Repubblica. Biografie del '900 : le storie che hanno segnato la storia ; 14). - Tit.orig.: Lénine. - [16133]

La mia vita con Lenin / di Nadezda Krupskaia. - Roma : Editori Riuniti, 1956. - 324 p., [IV], br. ; 21,5 cm. - (Biblioteca politica ; 7). - [17047]

Il buonuomo Lenin / Curzio Malaparte ; a cura di Mariarosa Bricchi. - Milano : Adelphi, 2018. - 311 p., [9] : br. ; 22 cm. - (La collana dei casi ; 161). - ISBN 978-88-459-3261-8. - [23979]

Lenin oggi : Ricordare, ripetere, rielaborare / Slavoj Žižek ; con una scelta di scritti di Lenin ; edizione italiana a cura di Massimiliano Manganelli. - Firenze : Ponte alle grazie, 2017. - 295 p., [9] : br. ; 20,5 cm. - Tit.orig.: Lenin 2017 : remember, repeating and working through. - ISBN 978-88-6833-762-7. - [23980]

Russia, marxismo, rivoluzione
La rivoluzione russa / diretta da Enzo Biagi. - Novara : Istituto geografico De Agostini, 1964-1966. - 3 volumi di 650 p. ciascuno, ril., ill.bianco e nero ; 31 cm. - [959]

Aleksandra Kollontaj: marxismo e femminismo nella Rivoluzione russa / Pina La Villa. - Catania : Villaggio Maori editori, 2017. - 107 p., [III], br. ; 20,5 cm. - (La modesta ; 11). - ISBN 978-88-9489-813-2. - [19863]

Mangia ananas, mastica fagioli : volume I : Le Opere complete di Marx-Engels : Dal Manifesto del partito comunista alla rivoluzione d'ottobre / Diego Gabutti. - Roma : WriteUp Books, 2021. - 482 p., [6] : br. ; 21 cm. - ISBN 979-12-80353-61-0. - [23432]

Sei lezioni sulla storia. La rivoluzione russa : da Lenin a Stalin (1917-1929) / Edward H. Carr ; traduzioni di Carlo Ginzburg, Franco Salvatorelli. - Milano : Club del libro, 1982. - 412 p., [IV], ril. ; 20,8 cm. - Tit.orig.: What is history? The russian revolution from Lenin to Stalin (1917-1929). - [1913]

Storia della rivoluzione russa / Lev Trotsky ; traduzione e introduzione di Livio Maitan. - Milano : Arnoldo Mondadori, 1978 ; 5° edizione. - 2 voll. ; LIV, 1276 p., br., ill. ; 18,5 cm. - (Gli Oscar Saggi ; 31). - Tit.orig.: The History of the Russian Revolution : Histoire de la révolution russe. - [772]

Storia del marxismo : I. Da Marx a Lenin / Predrag Vranicki ; traduzione di Lionello Costantini. - Roma : Editori Riuniti, 489 p., [III], br. ; 21,4 cm. - (Nuova biblioteca di cultura ; 104). - Tit.orig.: Historija marksizma. - [18293]

Storia del marxismo : volume secondo : Il marxismo nell'età della Seconda Internazionale / progetto di Eric J. Hobsbawm, Georg Haupt, Franz Marek, Ernesto Ragionieri, Vittorio Strada, Corrado Vivanti. - Torino : Einaudi, 1979. - XIV, 948 p. [VIII], ril. ; 21,5 cm. - (Biblioteca di cultura storica ; 136/II). - [17507]

Storia del partito comunista dell'unione Sovietica / a cura di B.N. Ponomariov, I.M. Volkov, M.S. Volin, V.S. Zaitsev, A.P. Kuckin, I.I. Mints, L.A. Slepov, A.I. Sobolev, A.A. Timofeievki, V.M. Khvostov, N.I. Sciataghin. - Roma : Editori Riuniti, 1960. - (Biblioteca politica ; 21). - [I volume:] 417 p., [III], br. ; 21,5 cm. - [17048]

1917-1967 : Almanacco della rivoluzione d'ottobre. - Roma : Sezione stampa e propaganda del PCI, 1967. - 98 p., br. ; 23,5 cm. - [17171]

Da Lenin a Stalin : 1917-1937 : Cronaca di una rivoluzione / Victor Serge ; prefazione di David Bidussa ; traduzione di Sirio Di Giuliomaria. - Torino : Bollati Boringhieri, 2017. - XXIII, 185 p., [VII], br. ; 19,5 cm. - (Temi ; 269). - Tit.orig.: Da Lénine à Staline. - ISBN 978-88-339-2852-4. - [19360]

1917 ottobre rosso : La rivoluzione russa: i fatti, i protagonisti, il mito / a cura di Antonio Carioti ; prefazione di Sergio

Romano. - Milano : RCS MediaGroup, 2017. - 263 p., [9] : br. ; 19,8 cm. - (Le raccolte del Corriere della Sera ; 13). - [23193]

Storia dell'Unione Sovietica / Giuseppe Boffa ; a cura di Carlo Ricchini e Luisa Melograni. - Roma : L'Unità, 1990. - [4 volumi, 400/320 p. ogni volume], br. ; 20,6 cm. - [4838]

Questo è un fatto e i fatti sono ostinati : Lenin e l'Ottobre '17 : Una lettura politica / Sergio Gentili ; prefazione di Michele Prospero. - 1 ed. - Roma : Bordeaux edizioni, 2017. - 226 p., [2] : br. ; 21 cm. - ISBN 978-88-99641-49-8. - [24098]

Di Lenin

L'internazionale comunista / Lenin ; traduzione di Felice Platone. - Roma : Edizioni Rinascita, 1950. - 394 p., [II], br. ; 21,5 cm. - (I classici del marxismo / a cura di Palmiro Togliatti, Delio Cantimori, Ambrogio Donini, Cesare Luporini, Gastone Manacorda, Aldo Natoli, Antonio Pesenti, Felice Platone ; 19). - [17505]

Opere scelte : in sei volumi : I volume / V. Lenin. - Roma : Rinascita / Progress, [s.d.]. - 792 p., [II], ril. ; 22 cm. - (V. Lenin: Opere scelte in sei volumi ; 1). - [17353]

Opere scelte : in sei volumi : II volume / V. Lenin. - Roma : Rinascita / Progress, [s.d.]. - 717 p., [II], ril. ; 22 cm. - (V. Lenin: Opere scelte in sei volumi ; 2). - [17354]

Opere scelte : in sei volumi : III volume / V. Lenin. - Roma : Rinascita / Progress, [s.d.]. - 951 p., [II], ril. ; 22 cm. - (V. Lenin: Opere scelte in sei volumi ; 3). - [17355]

Opere scelte : in sei volumi : IV volume / V. Lenin. - Roma : Rinascita / Progress, [s.d.]. - 815 p., [II], ril. ; 22 cm. - (V. Lenin: Opere scelte in sei volumi ; 4). - [17356]

Opere scelte : in sei volumi : V volume / V. Lenin. - Roma : Rinascita / Progress, [s.d.]. - 703 p., [II], ril. ; 22 cm. - (V. Lenin: Opere scelte in sei volumi ; 5). - [17357]

Opere scelte : in sei volumi : VI volume / V. Lenin. - Roma : Rinascita / Progress, [s.d.]. - 855 p., [II], ril. ; 22 cm. - (V. Lenin: Opere scelte in sei volumi ; 6). - [17358]

Cavriago e la rivoluzione socialista d'ottobre / a cura del Comune di Cavriago. - Cavriago : Tipografia Bertani, 1971. - 42 p., br. ; 24 cm. - [Testi di Lenin, Palmiro Togliatti] [6062]

La costruzione del socialismo / Lenin. - Roma : Editori Riuniti, 1972 ; 2° edizione. - 378 p., [IV], ril. ; 22 cm. - (Biblioteca del pensiero moderno ; 27). - [17373]

Due tattiche della socialdemocrazia nella rivoluzione democratica / V.I. Lenin. - Mosca : Edizioni in lingue estere, 1949. - 144 p., br. ; 19,2 cm. - [17126]

Le Internazionali Operaie (1864-1943) / il testo di Annie Kriegel ; e i confronti antologici da : K.Marx, F. Engels, G. Manacorda, R. Luxemburg, G. Lukacs, V.I. Lenin, R. Schlesinger, H. Gorter, A. Gramsci, G. Haupt, M. Hayek ; a cura di Gian Mario Cazzaniga. - Messina Firenze : Casa editrice G. D'Anna, 1973. - 194 p., br. ; 20,7 cm. - (Tangenti : proposte e verifiche culturali per le scuole superiori / collezione diretta da Giorgio Porrotto ; 2). - [15112]

Lettere a Kugelmann / Karl Marx ; prefazione di Lenin ; traduzione di Carlo Julg. - Roma : Editori Riuniti, 1969 ; 2° edizione. - 170 p., [IV], ril. ; 22 cm. - (Biblioteca del pensiero moderno ; 17). - [17369]

La rivoluzione d'ottobre / Lenin ; traduzione di Felice Platone. - Roma : Editori Riuniti, 1972 ; 3° edizione. - 475 p., [XVII], ril. ; 22 cm. - (Biblioteca del pensiero moderno ; 32). - [17374]

La rivoluzione proletaria : e il Rinnegato Kautsky / V. Lenin. - Mosca : Edizioni in lingue estere, 1949. - 126 p., br. ; 19,2 cm. - (Proletari di tutti i paesi, unitevi!). - [16881]

Sui sindacati / Lenin ; traduzione di Carol Caracciolo-Straneo. - Roma : Edizioni Rinascita, 1948. - 107 p., [5] : br. ; 18,8 cm. - (Piccola biblioteca marxista ; 9). - [21878]
Sul diritto delle nazioni all'autodecisione / V.I. Lenin. - Mosca : Edizioni in lingue estere, 1949. - 78 p., [II], br. ; 19,8 cm. - [17125]

Sul movimento operaio italiano / Lenin ; traduzione e nota di Felice Platone ; introduzione di Paolo Spriano. - Roma : Editori Riuniti, 1970 ; 2° edizione. - 341 p., [V], ril. ; 22 cm. - (Biblioteca del pensiero moderno ; 18). - [17370]

Sulla via dell'insurrezione / Lenin ; traduzione di Felice Platone. - Roma : Edizioni Rinascita, 1948. - 159 p., [I], br. ; 18,4 cm. - (Piccola biblioteca marxista ; 4). - [20675]

Nota di edizione

Questo libro

Nel 1908, in una lettera alla madre e alla sorella, Lenin scriveva di aver letto con interesse un libro dell'astronomo Lowell, che sosteneva che Marte era abitato. Se oggi un ipotetico turista politico marziano ricambiasse l'interesse e arrivasse sulla terra alla ricerca di ciò che resta di Lenin, cosa troverebbe? (F. Billi)

Il 21 gennaio 2024 per il centenario della morte di Lenin abbiamo chiesto a quattro studiosi, Fabrizio Billi, Salvatore A. Bravo, Luca Cangemi, Lelio La Porta di ricordare ai lettori e alle lettrici di questo millennio chi era Lenin. Ne è nato uno speciale pubblicato online su *Girodivite*, e ora questo libro. Buona lettura.

Gli autori

Lelio La Porta è nato a Roma il 5 marzo 1953, è membro della "International Gramsci Society Italia". È studioso di Gramsci (*Un Gramsci per le nostre scuole. Antologia*, 2016), Lukács (*Lukács chi? Dicono di lui*, 2021) e Arendt (*Hannah Arendt. Il problema storico della libertà*, 2017). Ha redatto alcune voci del *Dizionario gramsciano 1926-1937* (a cura di G. Liguori e P. Voza, 2009). Per il "Lessico pandemico" ha scritto la voce *Libertà*. Attualmente svolge attività di Cultore della Materia della cattedra di "Letteratura italiana e didattica della letteratura" presso il Dipartimento di Scienze della Formazione dell'Università degli Studi Roma Tre.

Luca Cangemi (Catania, 1966), laureato in Storia e Filosofia, è insegnante. Nel 1992, a 26 anni, diventa deputato per il Partito della Rifondazione Comunista, torna poi alla Camera nella XIII Legislatura, compresa tra il 1996 e il 2001. Nel 2009 diventa segretario regionale di Rifondazione Comunista in Sicilia e rimane in carica fino al 2011. Nel 2016 è fra i fondatori del ricostituito Partito Comunista Italiano, di cui è responsabile nazionale scuola. Nella primavera del 2022 lascia il PCI. È componente del direttivo dell'Istituto Siciliano per la Storia dell'Italia Contemporanea "Carmelo Salanitro" presso l'Università di Catania. Nel 2012 ha pubblicato il libro *L'elefante e la metropoli* per Dedalo edizioni.

Salvatore A. Bravo scrive di sé: "nato a Bari nel 1967, ex maestro elementare, ho lavorato 18 anni nella periferia di bari di cui 15 al San Paolo, da 13 anni docente di filosofia nei licei. Mai supplente, sono entrato nei ruoli come maestro a 24 anni. Laureato in Pedagogia e Filosofia collaboro con *Petite Plaisance*, l'incontro con Carmine Fiorillo e Luca Grecchi di *Petite Plaisance* è stato nodale per la mia produzione culturale.. Studioso di Costanzo Preve e dei processi nichilistici e crematistici in atto".

Fabrizio Billi (Bologna, 1968), responsabile dell'Archivio Storico "Marco Pezzi" di Bologna, che raccoglie documenti sulla "stagione dei movimenti".
È stato militante di Democrazia proletaria da metà degli anni ottanta e poi di Rifondazione comunista. Ha partecipato al movimento studentesco della Pantera e successivamente a quello contro la globalizzazione neoliberista.
Si è occupato di ricerca storica principalmente sugli anni sessanta e settanta, pubblicando articoli, saggi e libri sui movimenti e sui gruppi della sinistra nella "stagione dei movimenti".
Negli anni 2018-19 si è occupato della raccolta di un centinaio di interviste di ex militanti di Avanguardia Operaia.

Le edizioni ZeroBook

Le edizioni ZeroBook nascono nel 2003 a fianco delle attività di www.girodivite.it. Il claim è: "un'altra editoria è possibile". ZeroBook è una piccola casa editrice attiva soprattutto (ma non solo) nel campo dell'editoriale digitale e nella libera circolazione dei saperi e delle conoscenze.

Quanti sono interessati, possono contattarci via email: zerobook@girodivite.it

O visitare le pagine su: https://www.girodivite.it/-ZeroBook-.html

Ultimi volumi:

Il giudizio dell'acqua / di Piero Buscemi

Donne nel socialismo / di Ferdinando Leonzio

Dalla parte del torto / di Adriano Todaro

Come il volo irregolare di un aquilone / di Ignazio Vanadia

Mafie e dintorni : Il fenomeno delle mafie e i loro rapporti con lo Stato e la società civile / Franco Plataroti

L'Italia a fumetti / di Ferdinando Leonzio

Qualche parola (2015-2022) / di Luigi Boggio

Sonetti / di William Shakespeare ; tradotti in siciliano da Prospero Trigona

Edifici di città: Roma 2020-2021 / Pierluigi Moretti

Perduti luoghi ritrovati : Poggioreale Antica / di Roberta Giuffrida

Delitto a Nova Milanese : venticinque righe nelle "brevi" / Adriano Todaro

Abbiamo una Costituzione : Ideologie, partiti e coscienza democratica costituzionale / Gaetano Sgalambro

Emma Swan e l'eredità di Adele Filò / di Simona Urso

Otello Marilli / di Ferdinando Leonzio

Autobianchi : vita e morte di una fabbrica / di Adriano Todaro ; prefazione di Diego Novelli

Accanto ad un bicchiere di vino : antologia della poesia da Li Po a Rino Gaetano / a cura di Piero Buscemi

Il cronoWeb / a cura di Sergio Failla

L'isola dei cani / di Piero Buscemi

Saggistica:

I Sessantotto di Sicilia / Pina La Villa, Sergio Failla (ISBN 978-88-6711-067-4)

Il Sessantotto dei giovani leoni / Sergio Failla (ISBN 978-88-6711-069-8)

Antenati: per una storia delle letterature europee: volume primo: dalle origini al Trecento / di Sandro Letta (ISBN 978-88-6711-101-5)

Antenati: per una storia delle letterature europee: volume secondo: dal Quattrocento all'Ottocento / di Sandro Letta (ISBN 978-88-6711-103-9)

Antenati: per una storia delle letterature europee: volume terzo: dal Novecento al Ventunesimo secolo / di Sandro Letta (ISBN 978-88-6711-105-3)

Il cronoWeb / a cura di Sergio Failla (ISBN 978-88-6711-097-1)

Il prima e il Mentre del Web / di Victor Kusak (ISBN 978-88-6711-098-8)

Col volto reclinato sulla sinistra / di Orazio Leotta (ISBN 978-88-6711-023-0)

Il torto del recensore / di Victor Kusak (ISBN 978-6711-051-3)

Elle come leggere / di Pina La Villa (ISBN 978-88-6711-029-2)

Segnali di fumo / di Pina La Villa (ISBN 978-88-6711-035-3)

Musica rebelde / di Victor Kusak (ISBN 978-88-6711-025-4)

Il design negli anni Sessanta / di Barbara Failla

Maledetti toscani / di Sandro Letta (ISBN 978-88-6711-053-7)

Socrate al caffé / di Pina La Villa (ISBN 978-88-6711-027-8)

Le tre persone di Pier Vittorio Tondelli / di Alessandra L. Ximenes (ISBN 978-88-6711-047-6)

Del mondo come presenza / di Maria Carla Cunsolo (ISBN 978-88-6711-017-9)

Stanislavskij: il sistema della verità e della menzogna / di Barbara Failla (ISBN 978-88-6711-021-6)

Quando informazione è partecipazione? / di Lorenzo Misuraca (ISBN 978-88-6711-041-4)

L'isola che naviga: per una storia del web in Sicilia / di Sergio Failla

Lo snodo della rete / di Tano Rizza (ISBN 978-88-6711-033-9)

Comunicazioni sonore / di Tano Rizza (ISBN 978-88-6711-013-1)

Radio Alice, Bologna 1977 / di Lorenzo Misuraca (ISBN 978-88-6711-043-8)

L'intelligenza collettiva di Pierre Lévy / di Tano Rizza (ISBN 978-88-6711-031-5)

I ragazzi sono in giro / a cura di Sergio Failla (ISBN 978-88-6711-011-7)

Proverbi siciliani / a cura di Fabio Pulvirenti (ISBN 978-88-6711-015-5)

Parole rubate / redazione Girodivite-ZeroBook (ISBN 978-88-6711-109-1)

Accanto ad un bicchiere di vino : antologia della poesia da Li Po a Rino Gaetano / a cura di Piero Buscemi (ISBN 978-88-6711-107-7, 978-88-6711-108-4)

Neuroni in fuga / Adriano Todaro (ISBN 978-88-6711-111-4)

Celluloide : storie personaggi recensioni e curiosità cinematografiche / a cura di Piero Buscemi (ISBN 978-88-6711-123-7)

Sotto perlaceo cielo : mito e memoria nell'opera di Francesco Pennisi / di Luca Boggio (ISBN 978-88-6711-129-9)

Per una bibliografia sul Settantasette / Marta F. Di Stefano (ISBN 978-88-6711-131-2)

Iolanda Crimi : un libro, una storia, la Storia / di Pina La Villa (ISBN 978-88-6711-135-0)

Autobianchi : vita e morte di una fabbrica / di Adriano Todaro

prefazione di Diego Novelli (ISBN 978-88-6711-141-1)

Dizionario politico-sociale di Nova Milanese : Passato e presente / Adriano Todaro (ISBN 978-88-6711-151-0)

Abbiamo una Costituzione : Ideologie, partiti e coscienza

democratica costituzionale / Gaetano Sgalambro (ebook ISBN 978-88-6711-163-3, book ISBN 978-88-6711-164-0)

La peste di Palermo del 1575 / di Giovanni Filippo Ingrassia (ebook ISBN 978-88-6711-173-2)

Permesso di soggiorno obbligato / redazione Girodivite (ebook ISBN 978-88-6711-181-7, book ISBN 978-88-6711-182-4)

Qualche parola (2015-2022) / di Luigi Boggio (ebook ISBN 978-88-6711-215-9, book ISBN 978-88-6711-216-6)

Di dritto e di rovescio : L'importanza del raccattapalle ed altre storie / di Piero Buscemi (ebook ISBN 978-88-6711-217-3, book ISBN 978-88-6711-218-0)

Mafie e dintorni : Il fenomeno delle mafie e i loro rapporti con lo Stato e la società civile / Franco Plataroti (ebook ISBN 978-88-6711-223-4, book ISBN 978-88-6711-224-1)

Narrativa:

L'isola dei cani / di Piero Buscemi (ISBN 978-88-6711-037-7)

L'anno delle tredici lune / di Sandro Letta (ISBN 978-88-6711-019-3)

Emma Swan e l'eredità di Adele Filò / di Simona Urso (ISBN 978-88-6711-153-4)

Delitto a Nova Milanese : venticinque righe nelle "brevi" / Adriano Todaro (ebook ISBN 978-88-6711-171-8, book ISBN 978-88-6711-172-5)

Enne / Piero Buscemi (ebook ISBN 978-88-6711-179-4, book ISBN 978-88-6711-180-0)

Orientale Sicula : Proebbido entrari ed altri racconti / di Alfio Moncada (ebook ISBN 978-88-6711-193-0, book ISBN 978-88-6711-194-7).

Uno sporco anello / di Adriano Todaro (ebook ISBN 978-88-6711-205-0, book ISBN 978-88-6711-206-7)

Come il volo irregolare di un aquilone / di Ignazio Vanadia (ebook ISBN 978-88-6711-225-8, book ISBN 978-88-6711-226-5)

Dalla parte del torto / di Adriano Todaro (ebook ISBN 978-88-6711-227-2, book ISBN 978-88-6711-228-9)

Querelle / di Piero Buscemi (ebook ISBN 978-88-6711-201-2, book ISBN 978-88-6711-202-9)

Il giudizio dell'acqua / di Piero Buscemi (ebook ISBN 978-88-6711-231-9, book ISBN 978-88-6711-232-6)

Poesia:

Il bambino è il mondo / di Emanuele Gentile (ISBN 978-88-6711-197-8)

Raccolta di pensieri / di Adele Fossati (ISBN 978-88-6711-190-9)

Iridea / poesie di Alice Molino, foto di Piero Buscemi (ISBN 978-88-6711-159-6)

Il libro dei piccoli rifiuti molesti / di Victor Kusak (ISBN 978-88-6711-063-6)

L'isola ed altre catastrofi (2000-2010) di Sandro Letta (ISBN 978-88-6711-059-9)

La mancanza dei frigoriferi (1996-1997) / di Sergio Failla (ISBN 978-88-6711-057-5)

Stanze d'uomini e sole (1986-1996) / di Sergio Failla (ISBN 978-88-6711-039-1)

Fragma (1978-1983) / di Sergio Failla (ISBN 978-88-6711-093-3)

Raccolta differenziata n°5 : poesie 2016-2018 / di Victor Kusak (ISBN 978-88-6711-149-7)

Sonetti / di William Shakespeare ; tradotti in siciliano da Prospero Trigona (ISBN 978-88-6711-203)

Parole in versi / Adele Fossati (ISBN 978-88-6711-212)

Libri fotografici:

I ragni di Praha / di Sergio Failla (ISBN 978-88-6711-049-0)

Transiti / di Victor Kusak (ISBN 978-88-6711-055-1)

Ventimetri / di Victor Kusak (ISBN 978-88-6711-095-7)

Visioni d'Europa / di Benjamin Mino, 3 volumi (ISBN 978-88-6711-143_8)

Cortale, borgo di Calabria / Pasquale Riga (ISBN 978-88-6711-175-6)

Perduti luoghi ritrovati : Poggioreale Antica / di Roberta Giuffrida (ISBN 978-88-6711-191-6)

Edifici di città : Roma 2020-2021 / Pierluigi Moretti (ISBN 978-88-6711-199-2)

Opere di Ferdinando Leonzio:

Una storia socialista : Lentini 1956-2000 / di Ferdinando Leonzio (ISBN 978-88-6711-125-1)

Lentini 1892-1956 : Vicende politiche / di Ferdinando Leonzio (ISBN 978-88-6711-138-1)

Segretari e leader del socialismo italiano / di Ferdinando Leonzio (ISBN 978-88-6711-113-8)

Breve storia della socialdemocrazia slovacca / di Ferdinando Leonzio (ISBN 978-88-6711-115-2)

Donne del socialismo / di Ferdinando Leonzio (ISBN 978-88-6711-117-6)

La diaspora del socialismo italiano / di Ferdinando Leonzio (ISBN 978-88-6711-119-0)

Cento gocce di vita / di Ferdinando Leonzio (ISBN 978-88-6711-121-3)

La diaspora del comunismo italiano / di Ferdinando Leonzio (ISBN 978-88-6711-127-5)

Sei parole sui fumetti / di Ferdinando Leonzio (ISBN 978-88-6711-139-8)

Otello Marilli / di Ferdinando Leonzio (ISBN 978-88-6711-155-8)

La diaspora democristiana / di Ferdinando Leonzio (ISBN 978-88-6711-157-2)

Lentini nell'Italia repubblicana / di Ferdinando Leonzio (ebook ISBN 978-88-6711-161-9, book ISBN 978-88-6711-162-6)

Delfo Castro, il socialdemocratico / Ferdinando Leonzio (ebook ISBN 978-88-6711-169-5, book ISBN 978-88-6711-170-1)

La socialdemocrazia italiana fra scissioni e confluenze (1947-1998) / Ferdinando Leonzio (ebook ISBN 978-88-6711-177-0, book ISBN 978-88-6711-178-7)

Momenti di socialismo / di Ferdinando Leonzio (ebook ISBN 978-88-6711-207-4, book ISBN 978-88-6711-208-1)

L'Italia a fumetti / di Ferdinando Leonzio (ebook ISBN 978-88-6711-221-0, book ISBN 978-88-6711-222-7)

Giovanna : anarchico è il pensiero... / Ferdinando Leonzio (ebook ISBN 978-88-6711-229-6, book ISBN 978-88-6711-230-2)

Donne nel socialismo / di Ferdinando Leonzio (ebook ISBN 978-88-6711-233-3, book ISBN 978-88-6711-234-0)

Opere di Piero Buscemi:

Accanto ad un bicchiere di vino : antologia della poesia da Li Po a Rino Gaetano / a cura di Piero Buscemi (ISBN 978-88-6711-107-7, 978-88-6711-108-4)

Celluloide : storie personaggi recensioni e curiosità cinematografiche / a cura di Piero Buscemi (ISBN 978-88-6711-123-7)

L'isola dei cani / di Piero Buscemi (ISBN 978-88-6711-037-7)

Iridea / poesie di Alice Molino, foto di Piero Buscemi (ISBN 978-88-6711-159-6)

Enne / Piero Buscemi (ebook ISBN 978-88-6711-179-4, book ISBN 978-88-6711-180-0)

Querelle / di Piero Buscemi (ebook ISBN 978-88-6711-201-2, book ISBN 978-88-6711-202-9)

Di dritto e di rovescio : L'importanza del raccattapalle ed altre storie / di Piero Buscemi (ebook ISBN 978-88-6711-217-3, book ISBN 978-88-6711-218-0)

Il giudizio dell'acqua / di Piero Buscemi (ebook ISBN 978-88-6711-231-9, book ISBN 978-88-6711-232-6)

Parole rubate:

Scritti per Gianni Giuffrida: La nuova gestione unitaria dell'attività ispettiva: L'Ispettorato Nazionale del Lavoro / di Cristina Giuffrida (ISBN 978-88-6711-133-6)

WikiBooks:

La Carta del Carnaro 1920-2020 (ISBN 978-88-6711-183-1)

Webology : le "cose" del Web / a cura di Sergio Failla (ISBN 978-88-6711-185-5)

English books or bilingual:

Perduti luoghi ritrovati : Poggioreale Antica / di Roberta Giuffrida. - english/italiano. - (ISBN 978-88-6711-196-6)

Visioni d'Europa - Europe's visions / di Benjamin Mino, 3 volumi. - english/italiano. - (ISBN 978-88-6711-143_8)

Sonetti / di William Shakespeare ; tradotti in siciliano da Prospero Trigona. - english/sicilianu. - (ISBN 978-88-6711-203)

Querelle / Piero Buscemi ; preface by Vincenzo Tripodo. - english edition. - (ISBN 978-88-6711-209-8, press ISBN 978-88-6711-210-4)

Cataloghi:

Libroteca 2023, catalogo della Bibliotheca

Riviste e periodici:

Post/teca, antologia del meglio e del peggio del web italiano

ISSN 2282-2437

https://www.girodivite.it/-Post-teca-.html

Girodivite, segnali dalle città invisibili

ISSN 1970-7061

https://www.girodivite.it

il Notar Jacopo : rivista della Bibliotheca

https://https://www.girodivite.it/La-Biblioteca-di-OpenHouse.html

ZeroBook catalogo delle idee e dei libri

trimestrale

https://www.girodivite.it/-ZeroBook-free-catalogo-puoi-.html

www.ingramcontent.com/pod-product-compliance
Lightning Source LLC
Chambersburg PA
CBHW072129160426
43197CB00012B/2040